김박의 **커피다이제스트** ②

로스팅

글/그림 **김혜숙**

FURFURAL
H_2O

POPING
POPING POPING
POPING POPING

PYRAZINE
CO_2

SEOUL COMMUNE

프롤로그

커피는 향이다.

커피가 향이라는 생각은 10여 년이 지나도 머릿속에서 떠나지 않고 있다.

〈커피향을 만든다는 것〉이 출간된 지 3년이 다 되어간다. 첫 번째 책의 목적은 완성도였다. 약하게 혹은 강하게 볶을 때 완성도가 중요하다고 강조하였다. 그리고 향의 중요성과 더불어 향의 기작과 종류들을 나열하였다.

아직도 나에게는 커피를 볶는다는 것이 쉽지 않다. 이제는 커피도 글로벌 시대로 진입했고, 볶는 기술도 많이 좋아졌다. 그러나 로스팅을 여전히 어렵다. 그래서 초보자들도 쉽게 다가갈 수 있는 책을 써보자는 생각이 들었다. 그들이 어려워하는 건 무엇일까? 나의 초보 시절은 어땠지? 돌아봐도 기억나는 게 별로 없다. 세미나를 통해 그들의 궁금증이 무엇인지 들을 수 있었던 게 전부다. 어떻게 볶을 것인가?

이 책의 구성은 1부 intro에서 커피를 볶기 전에 어떤 마음으로 임해야 하는지에 대한 글로 시작한다. 2부는 볶는 과정에서 필요한 관찰요령과 단계별로 이해해야 하는 것들에 관한 내용이다. 3부는 '따라해 보기'에 대해 설명하였고, 4부는 커피를 볶을 때 훈련 방법에 대해서 이야기하였다. 마지막 부분에 샘플 프로파일 방법과 수정 요령을 기록했고, 용어 설명을 추가하였다. 스스로 집중해서 연습하다 보면 좋은 결과가 있을 것이다.

이 책에서는 가스의 압력이나 온도 등 구체적인 숫자를 제시하지 않았다.

숫자는 설명하기 위한 보조 수단일 뿐 살재 실전에서는 큰 의미가 없기 때문이다. 결과물은 여러가지 변수에 따라 달라지기 마련이다. 각자의 환경에 따라 기준을 정하고 볶으면 된다.

우리나라에는 독학으로 커피볶기가 가능한 가이드북이 많지 않다. 과거에는 해석도 잘 안 되는 책을 읽고 또 읽어가며 답을 찾으려 했던 시절이 있었다. 힘들게 공부했던 때를 떠올리며 읽고 따라할 수 있는 책을 만들고자 노력하였다. 책을 읽는 동안 고민과 궁금증이 많이 생기길 바란다.

이번 책에 대한 리뷰를 해주겠다며 선뜻 나서서 꼼꼼히 살펴 준 전주 '길위의 커피' 최윤진 대표, 바쁜데 읽어주고 의견을 준 천안 '오월의 숲' 이선명 대표에 감사의 마음 전한다. 그리고 혼자 가게를 지키는 날이 많았던 남편에게 전하고 싶은 말. '사랑합니다~~'.

지국장님을 비롯하여 편집과 출간에 도움을 주신 서울꼬뮨 관계자분들께 감사드린다.

김혜숙

목 차

intro

커피를 볶기 전에

illust. GHIM

'커피를 볶는다'는 것은 어떤 의미일까.

간단히 말하면 물에 물질이 잘 녹아 나을 수 있도록 만들기 위해서이다. 생콩은 씹기도 힘들 정도로 딱딱하고 물에 쉽게 물질이 녹지도 않는다. 그래서 에너지를 활용하여 커피콩을 부드럽게 만들어 변화를 주어야 한다. 에너지의 종류는 여러 가지가 있지만, 로스팅에서는 열에너지를 이용한다. 열은 콩에 물리적인 변형과 화학 반응을 일으킨다.

예를 들면, 커피는 기공이 있고 주변에 섬유질로 둘러져 있다. 열을 가하면 섬유질은 자체 탄성으로 기공이 커지더라도 버텨주는 역할을 한다. 그러나 가소성의 단계를 넘어서면 결국 파열 단계로 넘어가게 된다. 완벽하게 파열이 일어나지 않도록 하는 것은 불가능하지만, 되도록 최소화하는 것이 좋다. 일단 섬유질이 파괴되면 향이 급격하게 발산되기 때문이다. 화학 변화는 콩이 가지고 있는 물질을 변화시켜 새로운 물질을 만들어내는 과정이다. 화력의 주입 강도나 속도에 의해 화학 반응이 달라질 수 있다. 화학 반응은 마지막 단계에서 맛이나 향에 영향을 준다.

사실 커피를 완벽하게 볶는다는 것은 어렵다. 완벽하다는 기준부터가 애매한 데다 결과물의 완성도에 대한 폭도 넓기 때문이다. 또 커피를 볶는 사람뿐 아니라 선택하는 사람도 주관과 선호도도 다르기 마련이다. 혁신적인 물리화학자인 라파엘 오몽은 『부엌의 화학자』에서 "음식물이 익는 현상은 모순과 타협으로 가득 차 있다. 그래서 어떤 요리를 제대로 익히려면 다양하고도 정확한 기술이 요구 된다"라고 말한다. 이에 따라 정확한 기술을 목표로 하되, 먼저 어떻게 해야 할지에 대해 알아보고자 한다.

0. 커피 로스팅을 잘 하기 위한 공부법

커피를 잘 하려면 공부를 하자.

커피 볶는데 공부까지 할 필요가 있을까 하는 의문이 들수도 있다. 공부가 필요한 이유는 커피 안에 많은 과학이 숨겨져 있기 때문이다.

예를 들면, 커피를 볶는 과정에서 나타나는 갈변 현상은한 가지 혹은 두 가지의 물질이 열을 받아 분해되고 변화하며새로운 물질을 만들어내는 반응이다. 이 과정을 메일라드 반응, 캐러멜화라고 한다. 이 밖에도 로스팅에서는 열분해, 가수분해, 산화 등 많은 작용들이 일어난다.

이러한 현상들을 모르면 로스팅은 화력으로 커피를 굽는원시적인 작업에 불과해지게 된다. 반면에, 반응의 기작을 알고 있다면 색의 변화 과정뿐만 아니라 속도도 예측할 수 있다. 커피를 잘 볶고자 한다면 일단 공부부터 하자.

1. 배경 지식이 필요하다

전문가가 되기 위해서는 누구나 기본 지식이 필요하다.

커피를 볶는 데 필요한 기본 지식은 뭘까? 우선은 재료인 생두의 품종이나 밀도, 수분에 대한 정보 등일 것이다. 나아가 기계에 대한 정보도 필요하고, 볶는 과정에서 일어나는 현상들에 대한 과학적인 이론과 원리에 대한 이해도 요구된다.

이해하기 쉽도록 나무에 비유해 보자. 나무의 모양을 살펴 보면, 뿌리가 뻗어 안정화가 진행되면서 줄기가 땅 위로 올라오고 잎이 생성되는 형태를 띤다. 이 때 줄기의 목질화가 이뤄지며, 쓰러지지 않기 위해 뿌리는 더 튼튼해진다. 건강한 나무의 뿌리는 땅 속으로 계속 생성되고 뻗어나간다. 우리 눈에는 그 과정이 보이지 않는다.

배경 지식이라는 것은 결국 나무의 뿌리에 해당된다고 할 수 있다. 배경 지식을 많이 수집할수록 내용에 대한 이해 속도가 빠르고 습득하기도 쉬워진다. 생두를 제외하고 볼 때 필요한 배경 지식은 아래와 같다. (이에 대해서는 간단하게 설명하고자 한다. 필요한 경우 관계된 서적이나 정보를 접하면 좋겠다. 참고문헌에 제시된 책들을 참고하기 바란다.)

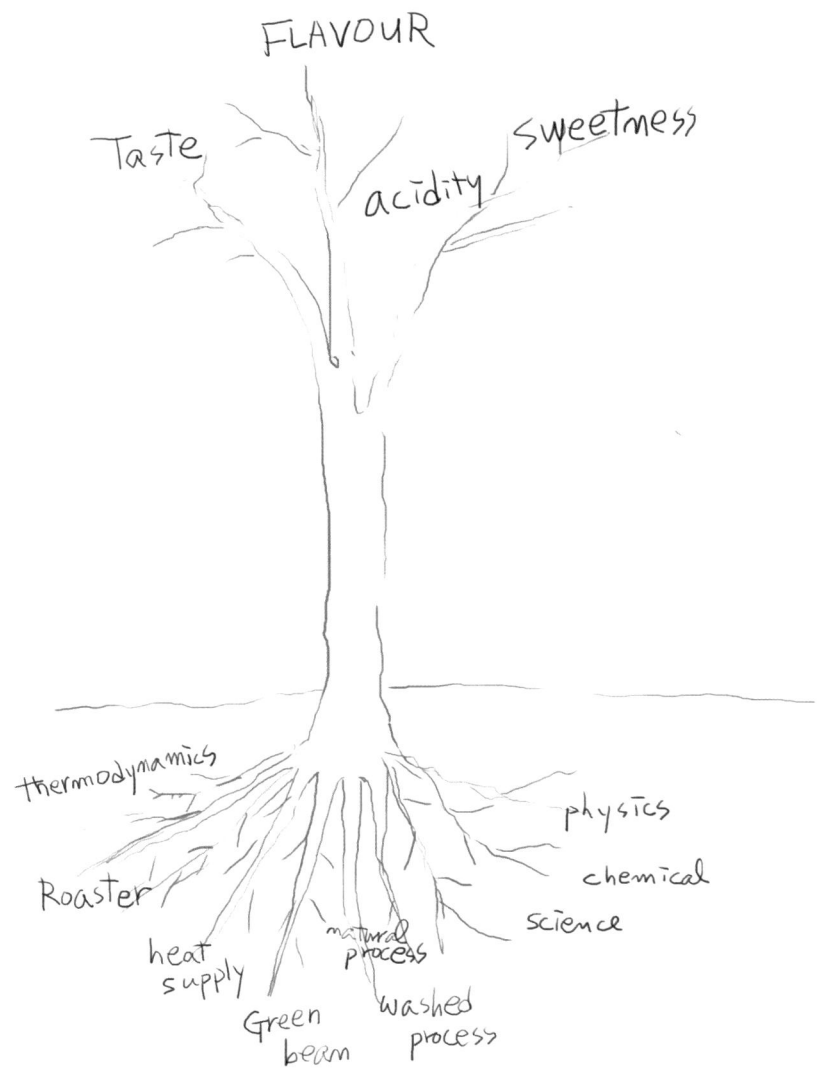

FLAVOUR

Taste

acidity

sweetness

thermodynamics

physics

chemical

science

Roaster

heat
supply

natural
process

washed
process

Green
bean

기구의 열원

기구의 열원은 크게 두 가지다. 첫 번째는 가스 등 불꽃을 이용하는 것이고, 두 번째는 전기를 이용하는 것이다. 두 가지 중 한 가지를 이용하여 어떤 방법으로 콩에 열을 전달할 것인가를 결정한다.

전달 방법은 전도, 대류, 복사 등이다. 커피를 볶는 기계는 꼭 하나의 전달 방식만으로 만들어지는 것은 아니다. 대부분 한두 가지 이상을 혼용한다. 따라서 열 활용의 측면을 고려하여 기계를 선택하고, 목적대로 볶을 것을 권장한다.

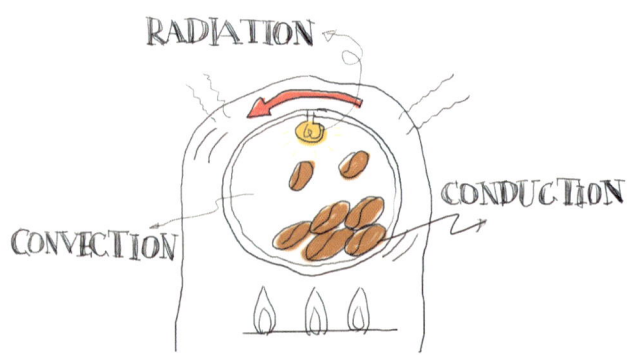

공기와 열의 흐름

커피를 볶는 과정에서는 열원이나 전달 방법 뿐 아니라 공기와 열의 흐름도 중요하다. 열의 흐름은 배기나 압력에 의한 공기의 흐름을 일컫는다. 배기로 빠져나가는 공기의 흐름이 빠르면 열의 손실이 발생하게 되고, 공기의 흐름이 너무 작으면 압력의 세기가 높아질 수 있다. 공기의 흐름이 방해받지 않고 자연스럽게 유지되는 것이 좋은 배기이다. 이는 사용하는 기계의 구성에 따라 달라질 수 있다. 또 설치된 장소의 환기 상태에 따라서도 달라지므로 내 기계에 대한 정부를 미리 알아두면 좋다.

공간과 열에너지

열에너지가 어떤 공간에 주어지는가에 대한 공부가 필요하다. 열에너지를 이해한다는 것은 매우 어렵다. 힘든 열에너지까지 공부를 해야 할까? 과학자가 될 것처럼 할 필요는 없지만, 커피를 볶는다면 열에 대한 기본적인 이해는 필요하다. 열이 콩과 공간의 관계에서 충분한지 아닌지 여부를 알기 위해서이다. 열에너지는 콩을 볶는 과정에서 가장 중요한 요소라고 할 수 있다.

열역학의 법칙

커피를 볶는 과정에서 작용되는 열역학의 법칙은 제2법칙이다. 이 법칙의 핵심은 '열은 고온에서 저온으로 흐른다'는 것이다. 커피를 볶는다는 것 역시 도구에서 콩으로 열을 지속적으로 전달하는 과정이다.

이 때에는 콩의 온도보다 기계의 온도가 높아야 한다는 원칙이 적용된다. 로스터의 경우 커피를 볶는 과정에서는 커피콩의 실제 온도를 알기 어렵다. 때문에 열역학의 법칙에 대한 이해를 바탕으로 상상력을 발휘할 필요가 있다.

과학 이론

지구의 모든 것은 과학을 품고 있다.

커피도 역시 과학적 사실에서 벗어날 수 없다. 커피를 기계에 넣는 순간부터 배출하는 시간까지 모든 것이 과학이다. "커피는 과학에 예술을 더한 것"이라고 독일 프로바트의 로스터는 말하고 있다. 과학적 사실은 가장 중요한 요소이다. 어렵다는 이유로 외면하면 안 된다. 커피의 과학적 사실은 수분 증발, 열 흡수, 메일라드 반응, 캐러멜화, 갈변 과정, 열분해 등이 있다.

라파엘 오몽은 저서 『부엌의 화학자』에서 "과학적 지식과 도구는 요리사의 창조력을 자극하는 힘"이라고 말한다. 커피도 조리의 일부분이므로 공부해 두면 볶는 과정에서 도움이 될 것이다.

Tip 달걀 삶아보기 실험

적어도 한 번은 달걀을 삶아 본 경험이 있을 것이다. 물성은 다르지만, 달걀 삶아보기는 로스팅과 여러모로 비슷하다. 모양새와 열을 주입하여 익히는 개념이 그렇고, 그 결과를 눈으로 확인할 수 있다는 점 또한 그렇다. 달걀 삶는 과정을 통해 그 방법에 따른 결과물의 차이를 느껴보시라. 색감은 어떻게 달라지는지, 입 안에서 어떤 느낌을 주는지, 촉감은 어떤지 알아보기 바란다. 그게 바로 물성이고, 로스팅의 원리와도 상통하는 개념들이다. 달걀의 흰자는 수분이 약 88%이고, 노른자는 50%정도 된다. 흰자가 익는 온도는 약 72℃이며, 노른자는 이보다 높다. 어떻게 삶아야 할까?

달걀 삶기 실험

완벽한 삶은 달걀의 기준에 대한 예시는 라파엘 오몽의 저서 『부엌의 화학자』에서 6가지로 말하고 있다.

1. 노른자는 달걀의 정가운데 위치해야 한다

2. 노른자가 퍼퍼하지 않아야 한다

3. 흰자가 너무 단단하지 않아야 한다

4. 노른자 표면이 푸르스름해지지 않아야 한다

5. 삶은 달걀 특유의 고약한 냄새가 없어야 한다

6. 흰자에 손톱자국이 없어야 한다

달걀 삶기 도전!!

콩의 모양-입체

커피콩은 입체이다. 안을 들여다 볼 수 있는 구조가 아니다. 커피를 볶는 과정에서 잘 진행이 되는지는 눈과 귀, 그리고 코로만 확인될 뿐이다. 그 완성도는 배출이 끝난 후 추출을 통해서 점검할 수 있다.

콩의 구조는 겉면이 일부 안으로 말려있는 모양이다. 전체 모양은 둥근 듯 보이지만, 편 모양의 형태가 둥그렇게 겹처럼 말려있어 내부의 공간은 그리 크지 않다.

기타 배경 지식으로 로스팅 과정 전체의 흐름, 부분적 과정의 이해, 부분과 전체의 조화, 결과물에 대한 완성도, 과학적 이론(믈리, 화학) 등이 있다. 다음 장에서 설명을 하겠다.

2. 반응과 원리를 알아야 하는 이유

커피가 볶이는 과정에서 콩 속에 숨어있는 많은 물질들은 열에 의해 반응을 일으킨다. 이 반응들은 대부분 보이지 않는다. 보이지 않기 때문에 반응에 대한 이론을 알지 못하면 인지하기 어렵다. 반응의 이론을 알고 있다고 해도 정확히 어느 순간에 어떤 현상이 나타나는지를 알 수 있는 것은 아니다. 그럼에도 불구하고 원리를 알고 있으면 결과에 대한 예측이 가능하다. 또한 결과치가 다르게 나타나는 현상에 대해서도 빠르게 이해할 수 있다.

원리란 근본이 되는 이치다. 커피 볶는 것에 대한 원리도 여러 가지겠지만, 여기서 논할 대상은 현상과 변환에 대한 이해 부분이다. 기능을 넘는 기술에는 원리를 이해하는 것이 중요하다. 경험으로 익혀 습득하는 것은 시일이 오래 걸릴 뿐만 아니라 결국 한계에 부딪히게 되기 때문이다.

한 예로, 커피에서 떫은 맛이 느껴질 때 어떻게 해결할 수 있을까하는 문제에 부딪혔다고 해 보자. 떫음이 왜 나타나는 지부터 알면 해결점은 어렵지 않게 찾을 수 있다.

떫음과 같은 현상은 커피의 성분이 열분해를 일으키면서 나타나는 반작용이다. 그것은 완성도를 높일 때 사라진다. 떫음의 원인에 대한 설명은 나중에 다시 자세하게 할 것이다. 원리를 이해하고 열을 전달하면 문제점을 빨리 해결할 수 있다. 원리는 모든 기술의 기본이 된다.

mensa question

3. 어려워도 알고 가야 편하다

쉬운 길과 어려운 길이 있다면 어려운 길을 선택하자. 커피를 볶는 작업에서는 보이지 않는 반응이 많이 일어난다. 보이지 않는 반응을 이해하는 것은 쉬운 길이 아니다.

커피를 볶을 때 다양한 향이 만들어진다. 열을 이용하여 향을 만드는 과정은 대표적으로 화학 반응인 메일라드 반응과 캐러멜화가 있다. 메일라드 반응은 매우 복잡하고 어렵다. 그럼에도 불구하고 이론을 충분히 숙지하고 반복을 거듭하면서 익혀나가다 보면 이해 못할 정도는 아니다. 처음에는 조금 힘들어도 나중에 웃을 수 있으면 좋겠다.

4. 로스팅을 잘 하기 위해서는?

커피 로스팅을 잘 하기 위한 방법은 이론과 연습이다. 이론은 볶는 과정에서 일어나는 반응의 원리를 이해하는 것이고, 연습은 실제로 볶으면서 관찰을 통해 문제와 해결 방법을 찾는 것이다. 이론을 공부하는 것이 어렵다면 연습을 먼저 시작해도 괜찮다. 연습이 길어지면 원리를 공부해야 하는 시기가 찾아오게 된다. 원리 공부는 필요할 때 해도 된다. 그러나 원리를 연습과 같이 하거나 원리를 익히고 연습을 하면 원하는 목표에 빨리 다가갈 수 있다.

원리 공부는 식품학 개론서로 시작하자. 공부에 여유가 생겼다면 고등학교 화학책이나 일반인을 위한 요리 또는 식품에 관련된 화학책을 읽자. 욕심을 더 낸다면 물리화학 책을 읽자. 다행히 일반인들을 위한 과학이론서들이 많이 출간되고 있다. 입시를 위한 공부가 아니므로 여유를 가지고 공부를 해보면 어떨까.

커피를 볶는 연습은 관찰이 필요하고 의식적으로 해야
한다. 처음부터 관찰을 통해 보이는 것들을 기록하자. 기록을
하는 이유는 경험이 부족한 사람이 10여 분을 볶는 동안 관
찰한 것들을 다 기억해내기 어렵기 때문이다. 기록은 결과물
을 점검할 때 참고하기 좋은 자료이다.

관찰 방법은 크게 달라지는 것부터 시작하자. 변화가 큰
것들은 쉽게 인식된다. 큰 변화를 인지한 다음 점차 미세하게
변히는 것들을 관찰한다. 관찰은 연습하는데 반드시 필요한
것이고, 결과에 대한 예측을 가능하게 하므로 꾸준히 하자.
마지막에는 향의 변화에 집중하자. 관찰에 관한 자세한 설명
은 후에 다시 설명하고자 한다.

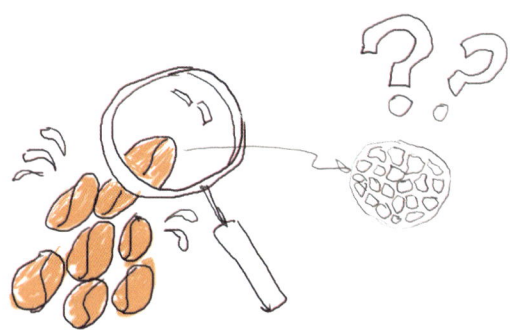

5. 로스팅을 할 때 반드시 지켜야 할 사항

커피를 볶는다는 것은 불 또는 전기를 이용하여 열에너지를 콩에 주입하는 것이다. 볶는 내내 반드시 지켜야 할 것이 3가지 있다.

하나는 화력의 세기가 콩의 온도보다 높아야 한다는 것이다. 열역학의 법칙으로 볼 때 콩으로 열이 전달되는 과정에서 드럼 안의 열에너지가 낮아지면 안 된다. 왜냐하면 열이 콩으로 전달되지 않아 로스팅이 멈출 수 있기 때문이다. 즉, 콩의 온도가 볶는 도구의 온도보다 높거나 동일해지면 에너지가 콩과 도구로부터 주변으로 이동하게 된다. 이는 콩이 볶이는 과정에서 의도한 화학 반응이 일어나기 어렵게 만든다.

두 번째는 화력이 콩의 상태에 비해 세게 주입되면 콩 외부와 내부 조직이 상처를 받을 수 있다는 것이다. 이렇게 되면 전체의 과정에서 원하지 않는 반응이 일어날 수 있다. 무엇보다 볶은 후 상미기간이 줄어들 수 있기 때문이라도 콩의 상태, 즉 밀도, 수분 정도 등에 맞춰 화력을 주입해야 한다.

마지막으로 완성도를 높이자. 약하게 볶는다면 덜 익히는 것을 배제하고, 강하게 볶는다면 타거나 그을림을 방지해야 한다. 결과물에 대한 완성도 여부를 가릴 줄 아는 판단능력을 갖추자. 경험이 많은 로스터들도 완성도를 높이는 것은 쉽지 않다. 지속적인 연구와 의식적인 연습을 계속할 수밖에 없다.

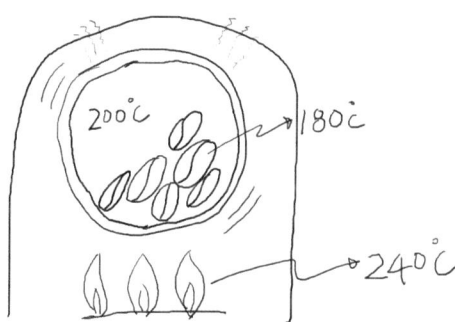

2부

기본지식

관찰과 단계별 이해

illust. GHIM

1. 로스팅의 전체 과정을 이해하자

커피를 볶을 때 과정 전체를 파악하는 게 중요하다. 전체를 파악할 줄 안다는 것은 곧 단계별로 예측이 가능할 뿐만 아니라 변수에 대처할 줄 안다는 것을 의미한다.

새로운 기술이나 도구를 접할 때, 크게 두 가지로 접근한다. 하나는 관련 서적이나 매뉴얼을 통해서 학습한 후에 체험하는 것이고, 다른 하나는 먼저 몸으로 익히는 것이나.

익히는 방법은 사람마다 다를 수 있어 어느 방법을 선택해도 목적을 향해 가는 데에는 문제가 없다. 하지만 기술의 원리와 과정을 이론으로 먼저 익히면 체득하는 시간이 줄어든다.

커피는 요리를 할 때처럼 무엇을 첨가하는 과정이 없다. 하지만 커피를 볶는 과정도 넓은 의미에서는 하나의 조리법(recipe)에 속한다. 볶는 과정 전체를 인지하면 다르게 나타나는 현상을 쉽게 알아 볼 수 있다.

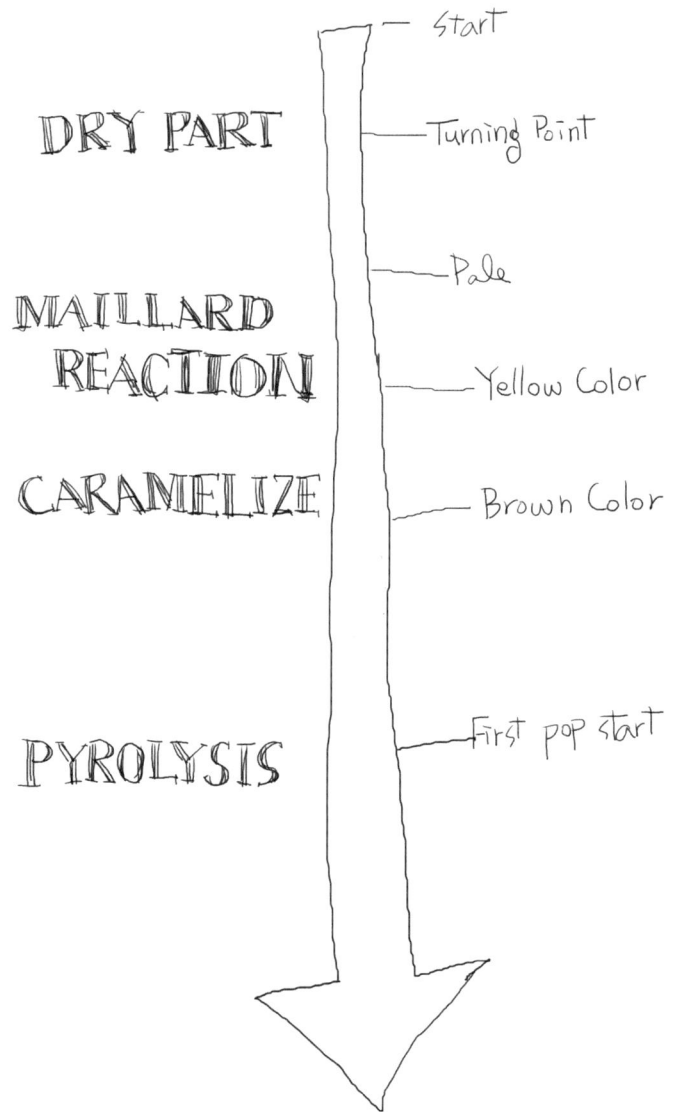

DRY PART

Start

Turning Point

Pale

MAILLARD REACTION

Yellow Color

CARAMELIZE

Brown Color

PYROLYSIS

First pop start

2. 볶는 과정을 단계별로 이해하기

커피를 볶는 과정은 일반적으로 3단계로 나뉜다. 건조 과정, 볶는 과정 그리고 마지막으로 식히는 과정이다.

건조 과정과 볶는 과정은 눈으로 확인 가능한 물리적인 색의 변화와 눈으로 볼 수 없는 화학 반응들(메일라드 반응, 캐러멜화 그리고 열분해 등)이 있다. 마지막 단계인 식히는 과정은 늦어도 4분 안에 끝내야 한다.

수분 증발 과정

첫 번째 과정은 수분을 날리는 건조 과정이며 본격적인 화학 반응을 잘 일으키기 위한 준비 단계다. 이 단계에서 대부분의 자유수는 증발한다. 수분이 증발되는 과정은 화력을 어떻게 주입하느냐에 따라 달라진다.

화력이 강하면 수분이 증발되는 도중 겉면의 경화로 인하여 콩의 내부 압력이 증가한다. 콩의 압력이 증가하면 수분이 갇히는 경우가 발생하고, 결과는 두 가지로 나타난다. 첫 번째는 1차팝 소리가 커지는 경우이며, 두 번째는 콩의 압력이 너무 세서 수분이 갇힌 채로 로스팅이 되는 경우이다.

전자의 경우는 크게 문제가 되지 않지만, 후자의 경우 쩌진 향이 만들어질 수 있다. 커피에서 찐향은 유쾌하지 않을 수 있다.

수분은 100~110℃가 될 때까지 증발된다. 콩을 투입할 온도를 설정한 후 실온의 커피 생콩을 넣으면 가장 먼저 생콩이 열을 흡수하면서 수분이 제거된다. 대체적으로 수분이 제거되는 과정은 천천히 일어난다. 반면에 강한 열로 볶으면 진행이 빠르며, 특히 커피콩의 밀도나 수분 정도, 콩의 크기가 다를 경우 결과물의 색이 고르지 않을 수 있다. 그래서 빠르게 진행되든 천천히 진행되든 커피콩에서 고르게 수분이 제거되도록 화력을 제어해야 한다.

커피 콩 속의 수분을 날리기 위한 열량은 생각보다 많다. 물 1g을 1℃ 올리는데 1cal의 열에너지(비열)가 필요하다. 물이 끓으며 수분이 기화되는데, 이 순간에는 열이 더 많이 필요하다. 이것을 기화열이라 한다. 물의 100℃ 기화열은 539cal/g이다.

예를 들어, 커피콩 1Kg을 볶는다고 하자. 콩의 수분이 10%, 콩의 온도가 약 18℃라 가정하고 100℃의 수증기가 되기 위하여 필요한 열량을 계산해 본다. 콩 1Kg의 수분이 10%이면 전체 콩 안의 수분은 100g이다. 수분에 필요한 열량만 계산해 보면 100g을 18℃에서 100℃까지 82℃ 올리는 열량은 8,200cal이다. 물이 끓으면 증발 단계에서 기화 단계로 넘어가고, 기화 단계에서 수분 100g을 기화시키는데 필요한 열량 53,900cal(100gx539cal/g)을 추가해 주어야 한다. 이 때 이만큼의 열량을 추가해 주어도 오로지 기화를 위한 에너지로 사용되기 때문에 실제로 드럼이나 콩의 온도가 상승하지는 않는다.

18℃인 콩 안의 수분 100g이 100℃의 수증기로 변하기 위한 총 열량은 62.1Kcal가 된다. 실제는 이보다 많을 수도 있다. 냉장 시설에 보관한 생두의 경우에는 더 많은 열량이 필요하다.

CALORIE

SPECIFIC HEAT

$1℃ × 1g = 1cal/g$

➕

HEAT OF VAPORIZATION

$100℃ × (vapor) ⇒ 539 cal/g$

계산에서 우리가 알 수 있는 것은 수분을 기화시키기 위한 열량이 끓이기까지의 열량보다 크다는 것이다. 기화할 때 열량이 크다는 것은 기화하는 과정에서 많은 열을 콩이 흡수한다는 의미이고, 이때 화력이 부족하지 않도록 유지 또는 높여야 함을 뜻한다.

커피 콩은 기화하는 동안에 열을 많이 흡수한다. 이로 인하여 드럼의 온도 게이지가 멈추는 것처럼 보이거나 느리게 상승하는 현상을 확인할 수 있다. 이는 작은 로스터보다 대형 로스터에서 더 잘 나타난다. 작은 로스터에서 이와 같은 현상을 구현하기 위해 화력을 낮추는 일은 위험하다. 열 부족 현상이 나타날 수 있기 때문이다.

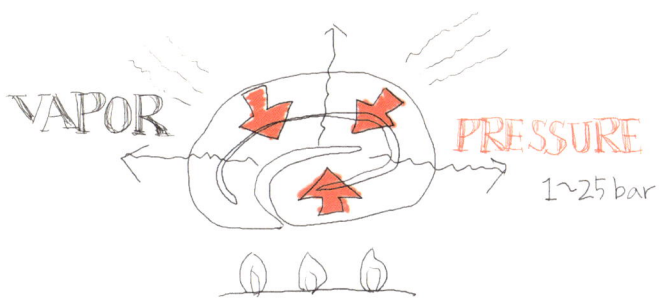

커피 콩의 모양은 두께가 있는 입체형으로 되어 있다. 외부는 내부보다 수분이 적고 단단한 상태다. 이에 따라 콩에 열을 주입하는 방법은 다양하다. 열 주입 방법은 수분이 많고 적음에 따라, 또 밀도가 높고 낮음에 따라 다르다. 만약 콩의 외부가 마르고 단단하다면 열을 내부로 쉽게 전달하기 위해 화력을 높여야 한다. 높은 화력은 외부의 수분을 증발시켜 고무화시킨다.

고무화 상태란 고체와 액체의 중간 단계를 말한다. 생두는 고체인 유리 상태에서 열을 주입하면 일시적으로 고무화 상태로 변화한다. 커피는 볶는 과정에서 수분이 증발되고 나면 배출되기 전까지 고무화 상태를 유지하며, 완전히 식으면 유리화가 된다.

열이 내부로 투입되었는지 여부는 눈으로 확인하기 어렵다. 그러나 경험이나 기록을 바탕으로 콩 내부로 열이 전달되는 시점을 파악하고 조정한다. 화력 조절 시점은 지속적인 연습과 결과물 점검으로 확인하자.

수분 증발이 막바지에 이르면 생콩의 가장자리부터 고무화가 시작된다. 고무화를 눈으로 확인하는 방법은 콩의 가장자리 부분이 불투명(pale)해지는 것으로 확인할 수 있다. 지속적인 열 공급에 의해 콩의 겉면은 마르기 시작하고, 콩 내부의 압력이 높아진다. 이때부터 콩의 색깔이 바뀌기 시작한다.

볶는 과정

두 번째 과정이 정확히 언제부터 일어나는지 확실하지는 않다. 두 번째 과정의 초반에는 메일라드 반응이 시작되면서 다양한 향들의 전구 물질들이 만들어지고 색이 변한다. 볶는 과정이 계속되면 콩의 내부 압력이 점점 높아지는데, 1차 팝까지 최대 25bar까지 높아진다.

콩에 화력을 계속 주입하면 압력이 견디지 못할 정도에 이르고, 콩 안에 '갇혀있던 수분'과 '화학 반응으로 만들어진 수분'이 세포 벽을 뚫고 나온다 이 현상이 일어날 때, 소리(pop)가 난다.

1차 팝(first pop)에서는 대체로 수분이 빠져나가며, '신향'과 더불어 'furfural 계열의 향'도 발산된다. furfural 계열의 향은 생콩의 색이 변하기 시작하면서부터 1차 팝까지 꾸준히 만들어진다. 이때의 향은 습기를 머금은 향이다.

이 후 두 번째 소리가 난다. 2차 팝(sencond pop)에서는 주로 CO_2가 빠져 나간다. 이 때에는 주로 '건류에 의한 향'이 만들어지는데 피리딘, 피라진, 피롤 등이다.

1차 팝과 2차 팝의 간격은 화력의 주입량과 시간에 따라 달라질 수 있다. 후반의 화력이 너무 세면 1차 팝과 2차 팝이 겹쳐서 발생하기도 한다.

소리는 현상을 파악하는데 중요한 역할을 한다. 1차 팝 소리가 크고 작음에 따라 볶는 과정 전반부의 수분 증발 과정을 역으로 추정할 수 있다.

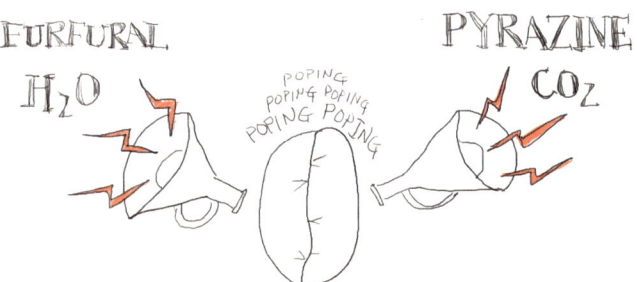

식히는 과정

마지막 세 번째 과정은 식히는 단계다. 규모가 큰 기계에서는 퀀칭(quenching- 물을 분사하여 식히는) 방법을 사용하지만, 소형 기계에서는 사용하지 않는다. 배출된 커피는 빠른 시간 안에 식혀야 한다. 대부분의 기계는 4분 내에 식힐 수 있도록 설계가 되어 있다. 고온으로 배출되는 커피 콩은 원하는 콩의 볶음 정도에서 멈출 수 있도록 빨리 식혀야 한다. 열이 주입되지 않기 때문에 더 이상 진행되지 않지만, 남은 열로 인해 내부에서 다른 화학 반응이 일어날 수 있기 때문이다.

한걸음 더 들어가 보자

수분 증발 과정 : 건조 시간 늘리기

첫 번째 단계인 건조 과정은 볶기 위한 준비 단계로 수분을 증발시키는 과정이다.

크기/밀도가 다른 콩, 수분이 많은 콩

크기가 다른 콩들을 볶는다면 건조 과정에서 서로 비슷한 상태로 만드는 것이 필요하다. 일반적으로 판매되는 생두는 크기가 고르지 않은 경우가 많다. 크기가 고른 콩들은 볶기가 수월하다. 크기와 밀도가 고르면 건조 과정에서 수분 날림도 일정하고, 팝이 터지는 시각과 진행되는 시간도 비슷하다. 크기가 다른 콩들은 볶은 후에 색이 고르지 못하고, 볶음 정도도 콩마다 다를 수 있다. 색의 차이는 짧은 시간에 볶았을 경우 더 두드러지게 나타나기도 한다. 만약 이 현상이 문제라면 해결 방법을 찾아야 한다. 문제가 아니라고 생각하면 무시해도 상관 없다.

만약 문제라고 생각한다면 로스팅 초기 건조 과정의 시간을 늘려서 해결하면 된다.

　　방법은 온도를 서서히 올리거나 볶는 단계의 화력보다 낮은 화력으로 시작하는 방법이 있다. 또 높은 온도에서 투입 후 터닝 포인트를 지나는 시점에서 화력을 일시적으로 낮추는 방법도 있다. 이는 주로 콩이 단단하면서 수분이 많은 햇콩일 경우 사용하는 방법이기도 하다.

수분 갇힘 & 경화 현상

　　수분이 많은 콩은 높은 화력으로 건조할 경우 수분이 콩 내부에 갇혀 전체 로스팅에서 원하지 않는 향이 만들어질 수 있다. 수분이 콩 안에 남아 있으면 수분을 증발시키는 데에 열량이 소비되기 때문에 콩이 볶이는 것을 방해하게 된다. 그러면 높은 온도에서 만들어지는 향들이 제대로 발현되지 않는다.

　　높은 화력으로 콩을 볶기 시작하면 콩의 표면이 너무 빨리 건조된다. 또 수분이 콩 안에서 겉으로 확산되어 증발하는 것을 방해한다. 이러한 현상을 '경화 현상'이라고 하는데, 찐 향이 나는 원인이 된다. 또한 수분이 증발되는 힘보다 주입되는 압력이 높아서 수분이 갇히는 것도 같은 이치다.

수세가공, 자연가공

열매를 벗기지 않은 채로 가공하는 콩(자연 가공)은 굳이 건조 과정에서 화력을 낮출 필요는 없다. 자연 가공은 수세가공에 비해 수분이 적기 때문에 로스팅이 빠르게 진행될 수 있다. 그래서 화력을 더욱 세심하게 조정해야 한다. 자칫 미량의 수분이라도 압력에 의해 내부에서 겉면으로 증발이 안 될 경우에는 좋지 않은 향이 만들어지거나 목적하는 향이 발현되지 않을 수 있다.

다시 강조하자면, 전체 볶는 과정에서 커피콩의 수분, 밀도, 크기 등에 따라 원활한 수분 증발을 유도하기 위해서는 적절한 화력 조절이 필요하다. 건조 단계에서 볶는 단계로 전환하기 전까지 충분히 수분을 제거해 주어야 한다. 실제로 수분을 콩의 내부에서 외부까지 확산을 이끌어 낼 만큼의 열량보다 더 높게 화력을 설정하는 것이 좋다.

기계마다 조건이 다르기 때문에 사용자가 판단해서 조정해야 한다. 화력 조절이 적절했는지는 볶은 결과물을 관능으로 확인해 보면 알 수 있다.

볶는 단계 : 화력 앞서가기

건조 단계가 막바지에 이르면 색이 변하면서 볶는 단계가 시작된다. 볶는 단계는 전체 과정 중 콩 온도가 본격적으로 올라가는 단계로 화력이 낮게 설정되면 안 된다. 건조 단계와 같이 볶는 기계의 내부 열은 콩 온도를 앞서는 것이 기본이다.

콩 온도가 올라가면서 메일라드 반응이 단계별로 진행된다. 물질이 화학 반응을 일으키기 위해서는 실제 반응에 필요한 에너지보다 더 많은 에너지가 필요하다. 반응을 일으키기 위한 충분한 열에너지가 주어지지 않으면 반응은 일어나지 않거나, 다른 방향으로 일어날 수도 있다.

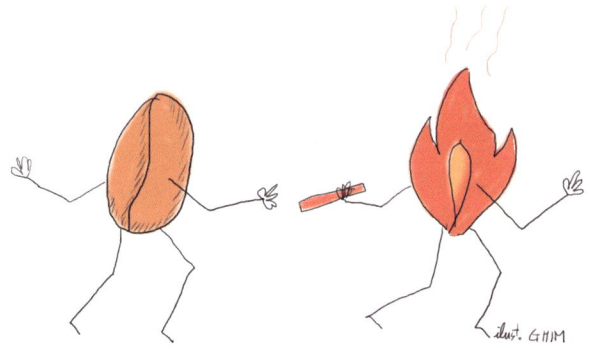

MAILLARD REACTION

Source: H. Nursten. The maillard reaction: chemistry, biochemistry and implications

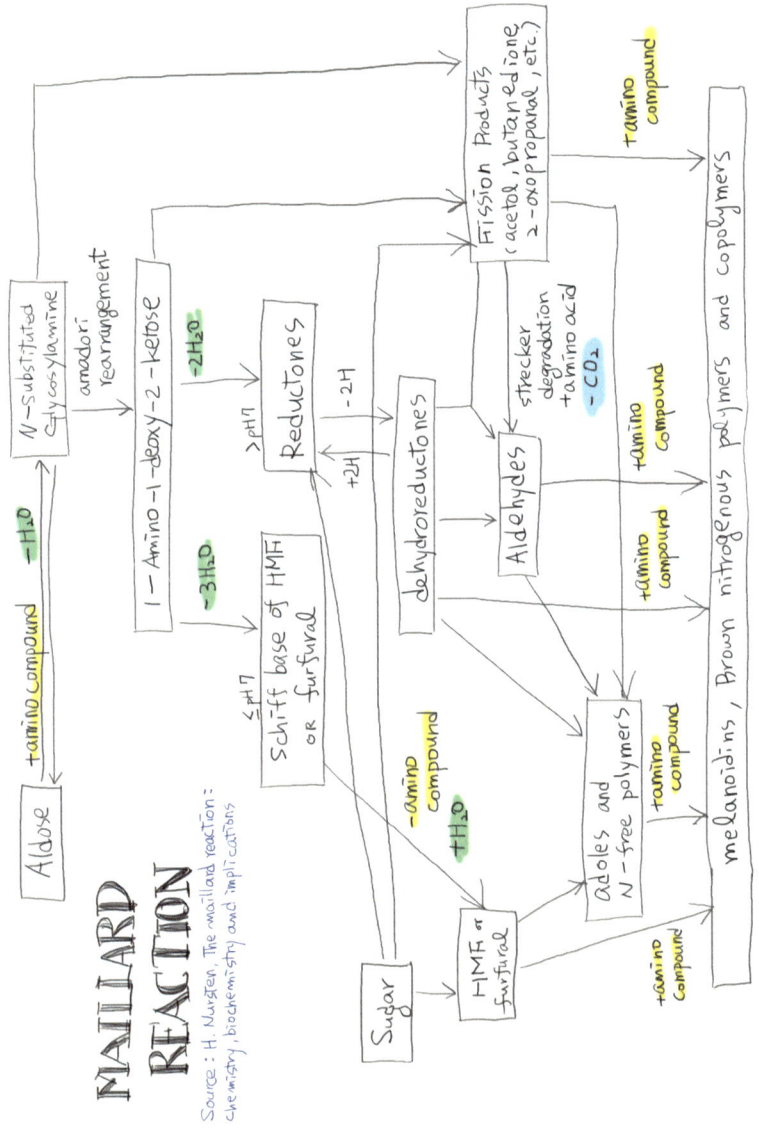

메일라드 반응

볶는 과정에서 당성분의 일부는 캐러멜화되면서 반응의 진행에 따라 단맛에서 쓴맛으로 변한다. 메일라드 반응은 캐러멜화와 다른 반응으로 단계별로 진행되며 매우 복잡하다.

메일라드 반응은 수분이 증발하는 시점이 지나면서 시작된다. 메일라드 반응은 크게 3단계로 나뉘지만, 세분화하면 7단계로 나눌 수 있다.

초기 단계는 환원딩과 아미노산이 응축되고 힙해지면시 글리코실아민이 만들어지고, 아마도리가 재배치되는 과정이다.

중간 단계에서는 당의 탈수와 분해로 리덕톤이 만들어지고 아마도리 재배치로 만들어진 생성물에서 수분이 빠져나가면서 리덕톤이 만들어진다. 중간 단계에서는 콩의 색이 노란색을 띄고 당의 탈수로 푸푸랄(furfural) 같은 특수한 냄새를 만들어낸다. 5탄당과 6탄당은 각각 작용하여 furfural과 Hydroxymethylfurfural을 만든다. 리덕톤은 다시 아미노산과 결합하면서 스트렉커 분해를 통해 알데하이드(aldehyde)와 같은 생성물로 변화한다. 이는 마지막 단계인 향을 만드는 중간물이다.

메일라드 반응의 최종 단계는 콩의 색도 진하게 변하고, 알돌 응결로 인하여 간단한 알도스 상태(3탄당 단당류 등)로 된다. 또 다른 반응으로 알데하이드-아민 반응을 일으키고, 이종 질소 화합물을 형성하면서 커피에서 발현되는 향들을 만들어낸다. 마지막 단계에서는 콩에 남은 아미노 화합물들이 결합되면서 갈변 현상과 함께 질소 중합체들을 만들어낸다.

지금까지 메일라드 반응에서 물질들의 재배치와 생성, 변환들이 일어나는 과정을 설명하였다. 매우 복잡한 과정들로 이해하기도 힘들지만, 이것을 발견한 과학자들은 더 대단한 사람들이다.

메일라드 반응은 복잡한 과정을 거쳐 수분 증발, 이산화
탄소 발산, 콩의 색이 변하는 과정이다. 커피를 볶는 과정에
서 메일라드 반응은 매우 중요하다. 메일라드 반응은 연속적
으로 일어나며, 병렬적이기 때문에 각 단계를 잘 거치도록 화
력을 적절히 주입하는 것이 중요하다.

또 콩 온도를 적절하게 상승시키는 것이 향을 잘 발현시
킬 수 있는 방법이다.

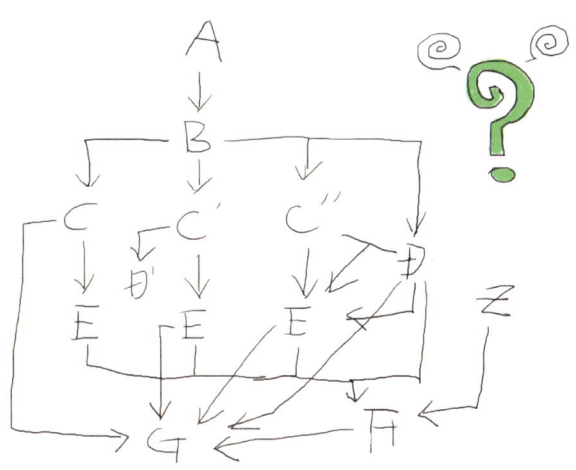

열 분해

1차 팝이 일어나면서 열 분해 반응이 일어나는 것으로 예상된다. 열 분해는 복합 물질이 열을 받아 단순한 물질로 분해되는 현상으로, 분자의 약한 결합 부분이 분리되는 현상이다. 커피를 강하게 볶을수록 향은 단순해지고, 결합력이 높아져서 더욱 강하게 느껴진다.

열 분해로 인하여 중강볶음 이후에는 커피콩에 남아 있는 이산화탄소가 더 이상 증가하지 않는다. 강볶음 이후 콩 내부에 남아 있는 이산화탄소가 더 이상 증가하지 않는 것은 콩 조직(셀룰로오스)의 갈라짐(crack)으로 인하여 이산화탄소가 일부 배출되었기 때문으로 추정되고 있다.

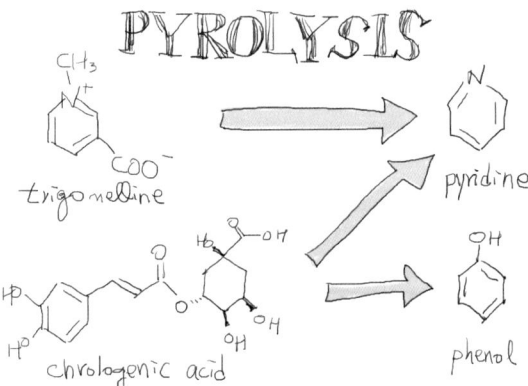

식히는 과정 : 가스 발산

커피를 볶는 과정이 완성되고 원하는 목표치에서 배출을 했다면 최종 단계는 식히는 과정이다. 커피를 식히는 것은 기계의 성능에 따라 다를 수 있다. 너무 작거나 기능이 없는 경우에는 식히는 도구를 별도로 만들거나 수동으로 빨리 식혀야만 원하는 커피를 완성할 수 있다.

완성된 볶은 커피는 포장하기 전에 콩 안에 남아 있는 가스가 일부 제거(degasing)되도록 실온에 보관하거나 보관 통에 저장하게 된다. 가스를 제거하는 이유는 포장을 하였을 때 가스의 기화로 인하여 포장 용지가 풍선처럼 부풀기 때문이다. 압력이 너무 높아지면 터질 수도 있다. 단, 포장 용기에 원웨이 벨브를 장착한다면 가스를 미리 제거할 필요는 없다.

그러나 화력이 강하면 열이 급격하게 주입되면서 볶는 시간이 짧아진다. 이 경우 열을 천천히 주입한 콩에 비해 가스 발산이 빠르게 확산된다. 이는 급격한 열 변화로 인해 조직이 일부 파괴되었기 때문으로 예상된다. 그래서 벨브가 장착되지 않은 포장지의 경우 가스의 배출이 급격하게 발산되어 터질 수 있다. 이를 막기 위해 벨브가 개발되었다. 벨브 포장은 가스 배출이 심한 커피 유통에서 획기적인 방법이다.

판매대에 진열된 원두커피는 이 밸브로 인해 계속 향을 내보내게 된다. 결국 가스와 함께 향도 빠져나가므로 결과적으로 좋을 수도 있고 나쁠 수도 있다. 각자 볶는 데이터와 경험으로 포장을 어느 시기에 할지 정하고, 그에 따라 잘 대처하면 될 것이다.

3. 기계 작동 방법을 알고 하자

기계 작동은 커피를 볶는 과정을 이해하는 것 다음으로 중요하다. 요리를 할 때 조리 도구의 특징을 아는 것은 조리 과정에서 일어나는 현상을 이해하는 데 도움이 된다. 예를 들면, 바닥이 두꺼운 팬과 얇은 팬의 차이를 알면 조리 방법에 따라 화력을 제어하는데 도움이 되는 것과 같은 이치이다.

기계사용 설명서는 판매하는 회사에서 제공된다. 사용하기 전에 충분히 읽기를 권장한다. 일반적위 기계이 작동 순시를 알아보자.

전원 − 예열 − 투입 − 화력/배기조절 − 확인봉 − 배출

처음에는 어떤 기계든 전원 버튼부터 작동시킨다. 고기를 굽기 전에 팬을 데우듯이 커피 기계도 예열을 해야 한다. 겨울에는 특히 주변 온도의 영향을 많이 받기 때문에 예열은 필수이다. 예열은 볶는 시간을 줄이는 데 도움이 된다. 예열을 위해 가스 혹은 전기 버튼을 켠다. 예열은 보통 커피를 볶을 때보다 낮은 화력을 유지하여 드럼이 너무 과열되지 않도록 한다.

예열을 충분히 하였다면 목표로 하는 온도에 콩을 투입하고 화력을 조절한다. 이 후 배출할 때까지 콩의 변화를 관찰하면서 화력 조절과 배기를 적절히 하면서 완성도를 높인다. 배기 조작이 필요 없는 로스터는 해당 기계의 특성에 맞추어 화력을 조절하면 된다.

배출 시기에 이르면 기계의 확인봉을 이용하여 목표하는 볶음 정도에 배출하면 된다. 커피를 배출할 때는 2가지 방법이 있다. 불을 끄고 쿨링 버튼을 올린 다음 배출하는 방법과 불을 끄지 않고 배출을 한 후 화력을 끄고 쿨링 버튼을 켜는 방법 등이다.

필자의 경우에는 배출에 앞서 먼저 화력을 *끄*는 습관을 가지고 있다(배출 순간이 급해 불을 *끄*지 않고 할 경우가 있는데, 이는 불 *끄*는 것을 잊었을 때이다).

기계의 작동은 보통 이와 같은 순서가 진행된다. 특별히 다른 기능이 탑재된 기계의 경우에는 사용설명서에 따르면 된다.

커피를 볶을 때 초보자들이 가장 많이 하는 실수는 시작과 끝이다. 기계마다 점화 방법과 화력 조절 방법 등이 다른 것을 이해한다면 시작은 쉽다. 계속 새로운 기계를 이용하는 것이 아니라면, 이 문제는 고민할 필요가 없다. 로스팅 막바지에는 배출과 함께 불을 끄고 쿨링 버튼을 동시에 작동시켜야 하는 어려움이 있다. 처음에는 서툴지만, 반복 연습을 계속하면 익숙해지므로 이 또한 걱정할 필요는 없다.

TIPS FOR DAMPER OPERATION

DRUM = EXHAUST

close | open

DRUM < EXHAUST

close | open

DRUM > EXHAUST

close | open

4. 무조건 볶아보자

콩을 볶는 과정을 숙지하고 기계의 사용 방법과 특성을 이해했다면, 콩을 무작정 볶아보자. 일단 무작정 볶아보는 것이 실제로 커피가 어떤 모습으로 볶이는지 알 수 있는 가장 좋은 방법이다. 완성도 높은 커피를 볶기 위해서는 직접 해봐야 안다. 또 결과물을 먹어봐야 설익었는지 태웠는지를 알 수 있다.

커피는 잘 익힌다는 것이 전부는 아니다. 커피의 최종 목적은 향과 맛의 발현이며, 향미의 조화로움이다. 이를 고려한다면 '콩을 볶는다'는 것은 결코 쉽지 않은 작업이다. 경험치가 많아지면 중간 레벨 이상의 실력까지는 빠른 속도로 향상될 수 있다. 그러나 상급 이상의 실력 향상은 눈에 띄지 않고 속도도 느리다. 결국 잘 할 수 있을 때까지 꾸준히 할 수밖에 없다.

그렇다고 무조건 볶기만 하면 되는 건 아니다. 처음에는 단순하게 시작하고 점차적으로 이렇게 저렇게, 이것저것 바꿔가면서 볶아본다. 처음부터 복잡하게 시작하면 나중에는 뒤죽박죽이 될 수 있으니 하나씩 단계별로 변화를 주면서 볶아보자.

첫 번째 방법은 화력을 고정하고 볶아보는 것이다. 이 방법은 쉽고 편안하게 볶는 방법이다. 투입 온도와 배출 온도를 정하고 콩을 넣고 빼기만 하면 되기 때문이다. 그런데 커피를 볶을 때 계절이 바뀌는 등 주변 환경이 달라질 수 있고, 콩의 조건 역시 다를 수 있기 때문에 결과물도 다르게 나타날 수 있다.

예를 들면, 콩에 온전히 전달되어져야 하는 열이 주변 환경으로 손실된다고 해보자. 손실의 폭이 클수록 시간이 지연될 수밖에 없다. 반대로 주변의 온도가 드럼의 온도보다 높으면 드럼의 온도는 손실의 폭이 감소하므로 로스팅이 빠르게 진행될 수 있다.

두 번째 방법은 터닝 포인트를 기준으로 볶아 보는 것이다. 터닝 포인트는 드럼의 온도가 콩의 온도보다 높게 투입하는 경우 나타나는 현상이다. 높은 온도의 드럼에 실온의 콩을 투입하면 드럼과 콩이 서로 간의 온도 차이에 의해 온도가 떨어졌다가 올라가는 시점이 생긴다. 열역학의 법칙에 의해 드럼의 높은 온도가 콩의 낮은 온도로 전달되는 것이다.

이 때 열이 주입되지 않는다면 드럼과 콩의 온도가 주변의 환경과 열 평형을 유지하기 위해 온도가 떨어지게 된다. 반대로 열이 가해지고 있다면 드럼과 콩의 온도가 열에 의해서 상승할 것이다.

터닝 포인트를 기준으로 하는 방법은 투입 온도가 콩마다 다를 수 있다. 모든 콩들의 상태가 다르기 때문에 투입 온도에 대한 데이터를 많이 확보해야 한다. 밀도가 높을 수도 있고, 수분이 많거나 적을 수두 있다.

여러 콩을 연속해서 볶는다면 드럼은 열을 축적하게 되어 에너지가 높은 상태가 된다. 배치가 거듭될수록 첫 번째 볶는 것보다 열평형 온도가 높아질 수 있다. 다시 말해, 같은 투입 온도에서 연속적으로 커피를 볶으면 터닝 포인트가 높아지게 된다. 따라서 각기 다른 콩의 상태와 드럼의 변화를 이해하면서 볶을 때마다 투입 온도를 조정해야 한다. 더불어 주변 환경에 대한 정보도 알면 좋겠다.

5. 관심을 가지고 관찰일지를 쓰자

커피를 볶을 때 볶이는 과정과 최종 결과물에 대한 의견을 기록해 보자. 뇌 속에 기억은 단편적이며, 10여 분 간의 모든 것을 기억해 내기는 어렵다. 기록은 재현을 위하여 참고하고 수정하기 위한 자료로 편리하게 사용된다.

나만의 기록표(form)를 만들어 보자

보유하고 있는 기계에 맞도록 표를 만들어 관리하면 좋다. 시간에 따른 온도 변화 그래프를 활용하면 한 눈에 기울기 등을 볼 수 있다. 근래에는 볶는 기계에 노트북을 연결하여 그래프를 그려주는 프로그램이 있어 편리하다. 그럼에도 불구하고 커피를 볶는 것이 처음이라면 직접 써볼 것을 권장한다. 자동으로 기록하는 것과 손으로 쓰는 것은 다르다. 손을 움직이면 뇌가 활성화된다.

볶는 과정에서 나타나는 색다른 현상이나 향 등을 기록할 수도 있다. 우리는 시간과 온도의 기록이 필요한 것이 아니다. 관찰을 통해 숨어있는 정보를 읽는 것이 더욱 중요하

다. 이런 기록들이 모여지면 대륙별, 국가별, 계절별 프로파

일을 정할 때 유용하게 쓰인다.

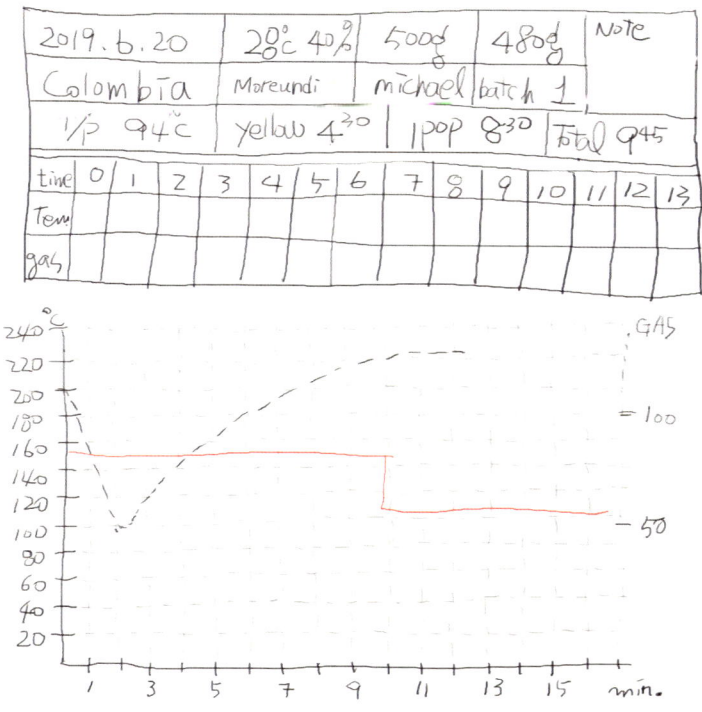

2019. 6. 20	28°c 40%	500g	480g	Note
Colombia	Moreundi	michael	batch 1	
1/p 94°C	yellow 4³⁰	1pop 8³⁰	Total 9⁴⁵	

time	0	1	2	3	4	5	6	7	8	9	10	11	12	13
Tem														
gas														

무엇을 기록할까

첫 번째는 보이는 대로 기록한다.

날짜, 날씨, 볶는 순서, 전체 볶는 시간은 기본으로 적는다. 온도의 기록은 1분 혹은 30초 단위로 본인이 편한 방식을 선택한다. 1차 팝과 2차 팝 진행 과정에서 각각의 시작과 끝의 온도와 시간을 기록한다. 여기까지의 기록은 쉽게 인식할 수 있는 단계이다.

두 번째 기록할 것들은 관찰이 필요하다.

볶는 과정에서 드럼 안의 콩의 상태 변화를 기록하는 것이다. 색, 주름, 체프 상태 등이다. 예를 들어 색의 변화를 관찰한다면, 가장 쉬운 건 전체 색의 변화를 보는 것이다. 색의 흐름은 잘 관찰된다. 바뀌는 시간과 온도는 언제인지, 더불어 어떤 향들이 느껴지는지 등이다.

주름이 잡히는 시간과 온도, 체프는 어떻게 벗겨지고 언제 배기로 빠져 나가는지 관찰한다.

　　마지막으로 좀 더 깊이 들어가 어떤 현상이 어떻게 변화
하는지에 대한 기록이 요구된다. 이를테면 콩 하나만으로 관
찰할 때, 색이 어떻게 변화하는지, 콩들끼리의 색들은 어떻
게 다르게 나타나는지, 향은 색의 변화와 어떤 관계로 일어나
는가, 온도 그래프는 어떤 형태로 그려지는가, 온도 그래프와
화력의 관계는 어떠한지 등을 세심하게 기록한다. 더불어 완
성된 커피를 관능 평가한 결과도 같이 기록한다.

illustration: GHIM

관찰과 기록은 열의 흐름을 이해하고 화력을 제어할 수 있게 해준다. 이제 커피 볶기를 시작하는 단계라면 매 순간을 놓치지 말고 관찰하자.

되도록 많이 볶고 기록한다. 기록의 누적이 100번으로 충분하지는 않지만, 그 이상이 되면 콩마다 나타나는 특징들을 무엇이 다르고 비슷한지 파악하고 분리한다. 분리된 자료를 분석하여 기준을 설정한다. 기준이 설정되면 적용하면 된다. 프로파일을 설정하고 계획한 대로 커피를 볶더라도 반드시 결과가 같은 것은 아니다. 그렇기 때문에 지속적으로 프로파일을 수정하고 재정비한다.

결국 실력이 쌓일 때까지 열심히 볶는 수밖에 없다. 무조건 볶으라고 조언하는 것은 결국 볶아봐야 알 수 있기 때문이다. 볶기를 반복하면서 다름을 이해하게 되고 생각을 하게 되면 '나도 잘 볶기 위한 준비가 되었구나'라고 스스로 위안을 삼아도 괜찮다. 오늘도 볶자.

6. 관찰을 통해 현상을 이해하자

누구나 커피를 처음부터 잘 볶는 것은 아니다. 콩을 잘 볶으려면 볶으면서 나타나는 현상을 이해해야 한다. 볶은 결과물이 좋지 않을 때는 볶는 과정에서 문제가 되는 현상이 보일 것이다.

우선 알아야 하는 것은 문제가 있고 없고의 여부다. 문제가 있다면 무엇이 문제이며, '왜 그런지'에 대한 질문을 해본다. 그리고 기록지에서 원인을 찾아 해결해야 한다. 문제를 인식하는 방법은 현상을 관찰하는 것 안에 답이 있다.

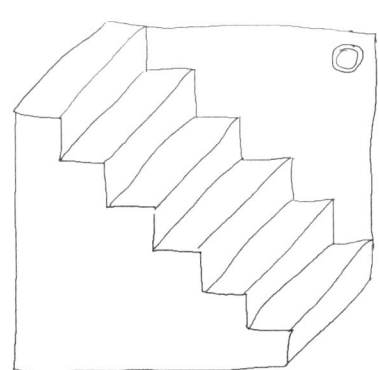

온도계 숫자

콩을 볶는 과정에서 기계와 콩 상태의 보편적인 현상을 이야기 해보자. 기계마다 다 같은 상태를 유지하는 것은 아니다.

예를 들어 1차 팝이 시작하는 온도를 살펴보면 약 180-200℃이다. 20℃의 차이는 온도계의 부착된 위치가 기계마다 다르기 때문이다. 주변 환경에 영향을 받지 않는 기계를 제외하고는 대부분 콩에 따라, 날씨에 따라 차이가 나타난다. 그럼에도 한 장소에서 기계를 지속적으로 사용하다보면 일정 패턴이 만들어짐을 알 수 있다. 앞서 관찰을 통한 기록에서 말한 것처럼 일반적으로 나타나는 현상을 화력과 연관지어 이해하자.

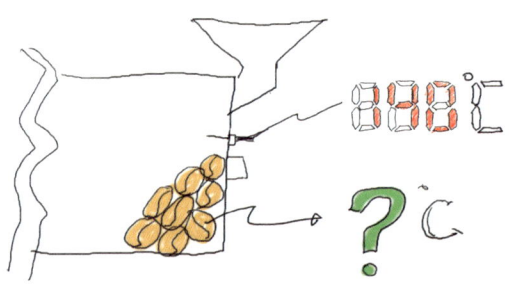

색의 변화

우선 색 변화부터 자세히 살펴보자. 커피콩은 투입 후 온도가 올라가도 별다른 변화는 보이지 않는다. 시각적인 변화가 없는 듯 보이지만, 콩의 외부로부터 내부로 열이 전달되고 있다. 콩 안의 수분은 열을 외부에서 내부로 전달하는 통로가 되며, 수분 자신은 확산을 통해 겉면으로 이동되고 증발된다.

수분의 증발로 인하여 콩의 겉면부터 마르기 시작하면서 막바지에 이르면 콩의 겉면 가장자리부터 불투명 상태(pale)를 보인다. 불투명한 상태의 현상이 커피 콩의 전체에 고루 나타나는지, 겉면부터 서서히 나타나는지는 콩의 밀도와 수분, 그리고 화력의 세기에 따라 다르다. 방법이 어떠하든지 마지막 단계에서 결과물에 좋은 영향을 미치면 상관 없다.

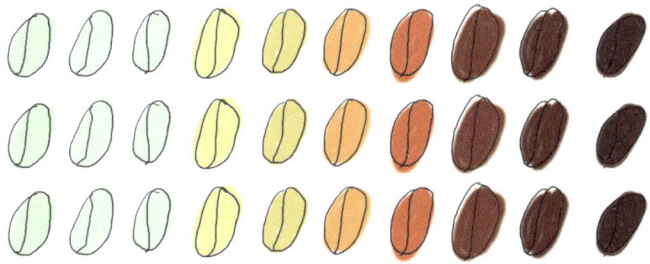

수분 증발은 커피를 볶기 위한 준비 단계로 화력을 계획해서 주입해야 한다. 너무 센 화력을 주입하면 겉면을 경화시켜서 콩 내부의 압력을 증가시킨다. 겉면 경화가 일어나면 콩 내부의 수분이 발산되지 않을 수 있기 때문에 적정 화력을 찾을 필요가 있다.

수세 가공이면서 수확한 지 얼마 되지 않은 콩은 수분 함량이 많다. 수분이 많으면 증발되는데 더 많은 열량이 필요하지만, 너무 화력이 세면 증발에 앞서 겉면 경화로 수분이 갇힐 수 있으므로 열을 더 세심하게 주입하여야 한다.

수분이 충분히 증발되면 색은 갈색으로 변하기 시작하면서 빵을 굽는 냄새를 풍긴다. 메일라드의 중간 단계가 시작되는 시기다.

색의 변화만으로 결과물의 완성도를 판단할 수 없다. 겉면 경화 현상으로 수분이 갇혀도 높은 화력으로 인하여 색은 변한다. 수분이 완전히 제거되었는지의 여부는 관능으로 확인해야 한다. 찐향이 만들어지는 커피 볶기는 교정이 쉽다. 사실 찐향을 관능으로 알아내는 것이 더 어렵다.

부피, 주름

콩의 부피와 주름 관계에 대해 알아보자.

콩의 부피는 수분이 일부 증발하면서 커지기도 하고, 1차 팝이 일어나면서 늘어나기도 한다. 1차 팝에서 부피가 커질 경우 주름은 팝 직전까지 나타난다. 주름이 있는 상태에서는 부피가 크게 변하지 않거나 오히려 부피가 줄어들기도 한다. 주름은 수분이 충분히 증발해서 부피가 줄어든 후 부피가 다시 커지기 직전에 가장 많이 나타난다.

주름이 있고 없고의 여부가 결과물의 완성도에 영향을 반드시 끼친다고 보기는 어렵다. 결과물의 완성도에 대한 판단은 볶는 사람의 관점에 따라 달라질 수 있고 기호도와도 관계가 크기 때문이다. 나의 경우 대체적으로 주름이 펴지도록 하는 편이다. 주름이 생기면 수율이 낮다고 보기 때문이다. 선택은 각자의 몫이다.

채프(chaff)

마지막으로 채프(chaff)에 대해서도 관찰해 보자.

커피를 볶는 과정에서 채프까지 살펴야 할까에 대한 견해는 볶는 사람의 선택일 수 있다. 채프는 수분이 증발하는 시기보다 1차 팝이 일어나는 시기에 떨어져 나가도록 유도하는 것이 좋다. 채프가 수분 날리기 단계에서 떨어져 나간다고 가정해보자. 채프가 벗겨진 콩은 열에 의하여 겉면에 상처가 생긴다. 콩 표면에 상처가 생기면 지속적으로 열이 주입되는 과정에서 물리 화학적 반응에 영향을 미치게 된다.

1차 팝이 진행되기 전까지 최대한 콩에 붙어 있도록 하자. 방법은 1차 팝이 날 때까지 콩의 부피를 제어하는 것이다. 대류열을 주로 활용하는 기계는 콩의 부피 팽창이 볶는 중반 부분에 나타난다. 이 때문에 채프의 벗겨짐을 제어할 수 없으므로 예외로 한다.

커피를 볶는 과정 전체를 파악하고, 전체를 각각 세분화하여 이해하고 있다면 결과물이 훨씬 좋아질 것이다. 현상을 인지하고 있으면 조그만 변화도 쉽게 지각할 수 있다.

커피를 볶는 정보를 수집하였거나 현상이 낱낱이 기록되어 있는 경우 문제가 발생되었을 때 대처하기 쉽다. 알고 있으면 쉽고, 모르면 어려운 것이 기술이다. 연습을 통해 익히고 문제를 해결하자.

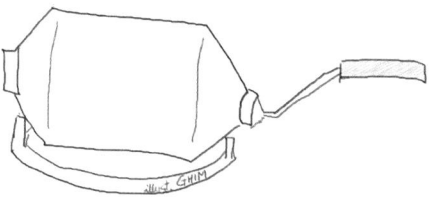

7. 다른 점을 파악하고 고민하자

어떤 커피를 볶아도 콩이 변하는 과정은 비슷하다. 그러나 과정의 각 단계마다 온도와 시간이 똑같이 나타나지는 않는다. 배치(볶는 순서)마다 달라질 수 있고, 날씨에 따라 달라질 수 있다. 주변의 온도에 의해서도 달라진다. 가공 방법에 따라서도 다르다. 콩의 수분율이 다르면 온도의 상승 속도도 달라진다.

콩은 드럼의 온도와 달리 실온의 온도로부터 시작하여 상승하지만 확인은 불가능하다. 오로지 확인할 수 있는 것은 드럼의 온도일 뿐이다. 온도 게이지의 상승 속도와 시간을 체크하자.

무엇이든 변화가 클 때는 바로 인지가 가능하지만, 미세한 변화는 인지하기 어렵다. 기록은 미세한 변화가 나타났을 때 필요하기 때문에 다시 강조하고 싶다. 관찰을 통해 현상을 이해한다는 것은 다름을 이해하는 것이다.

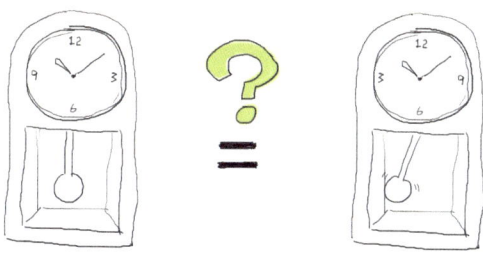

　기계의 작동이나 화력의 변화가 없더라도 결과물에서 맛과 향의 차이가 느껴진다면 구체적인 이유를 찾아야 한다. 차이는 느껴지는데 그것이 무엇인지 확실하지 않을 때는 기록을 확인해 보자. 결과물을 직접 맛보고 기록과 비교해 본다. 확실한 이유를 찾을 때까지 이 과정을 반복하자. 기록이 많을수록 분석은 정확해진다.

　예를 들어 열이 부족한 향이 만들어졌다고 하자. 콩이 금년 수확인데도 불구하고 젖은 나무향(woody-like)이 난다면, 볶을 때 열이 부족한 것이다. 이 같은 결과를 바탕으로 다시 볶을 때는 화력을 높이거나 시간을 더 늘려서 열이 충분히 콩에 전달되도록 하여야 한다. 사용하는 기계와 주변 환경이 다르기 때문에 어떤 방법을 선택할 것인가는 각자의 상황에 따라 결정하면 된다.

다른 사람들의 기록은 참고로만 활용하자. 다른 사람의 기록을 그대로 재연하는 것은 사실 불가능하다. 그 사람의 기계와 주변 환경, 콩의 조건까지 알고 있어야 한다. 시간은 역행할 수 없기 때문에 똑같은 재연은 할 수 없다.

그럼에도 불구하고 다른 사람의 기록은 도움이 된다. 분석을 통해 나의 환경에 맞게 적용 방법을 찾아야 한다. 무엇보다 중요한 것은 볶을 때 나타나는 변화를 파악하는 것이다. 알아야 수정이 가능하기 때문이다.

8. 문제를 파악하고 이유를 찾아보자

커피를 완벽하게 볶는다는 것은 어렵다. 로스터리숍을 운영한 지 10여년이 넘었지만, 스스로 잘 볶았다고 만족한 경우는 손가락으로 꼽을 정도이다. 볶을 때마다 잘 볶기 위하여 긴장도 많이 한다. 그만큼 커피를 볶는 것은 쉽지 않다.

이제 커피 볶을 때 나타나는 결점에 대하여 알아보자. 커피를 볶을 때 문제점이 발견되면 원인이 무엇일끼를 생각하자. 큰 결함이라면 쉽게 알아낼 수 있지만, 미세하게 나타나는 현상은 원인이 불분명한 경우가 많다. 그럼에도 불구하고 원인을 찾아야만 해결할 수 있다.

타거나 그을림

예를 들어 강볶음을 목표로 커피를 볶았다고 가정하자. 강볶음의 범위는 생각보다 넓다. 강볶음에서 발현되는 향은 단순해지며, 볶음도가 진행될수록 강해진다. 자칫 태울 수도 있다. '탔냐', '아니냐'의 경계는 농도의 차이로 분명하게 나타나지 않을 수 있지만, 관능으로 맛과 향을 구별해내야 한다.

타거나 그을림은 강하게 볶지 않아도 나타날 수도 있다. 결국 결점을 알아볼 수 있어야 하고, 원인을 분석할 줄 알아야 잘 볶을 수 있다.

떫음

필자에게 가장 풀기 어려웠던 문제는 커피에서 떫은(아스트린젠트) 현상이었다. 떫음의 원인을 파악하기 위해 주변을 비롯하여 정보 수집도 하였으나 해법을 얻기 어려웠다. 어쩌면 개인적인 문제였을 것이란 생각이 들 정도였다. 결국 2년 동안의 고민 끝에 해결을 하기는 했다. 당시에는 어떻게 해결했는지 몰랐다. 한참 후에서야 책을 통해 이유를 알 수 있었다.

원인은 보이지 않는 화학 반응에서 나타나는 물질의 분리였다. 열에 의해 완벽히 분리 되지 않을 경우 나타나는 현상이었다. 원인을 알고 나니 문제가 나타난 현상에 대한 해결책도 찾을 수 있었다.

쇠향, 메탈릭

예를 하나 더 들어보자. 약하게 볶았거나 콩의 내부와 겉면이 동일하게 볶이지 않았을 경우 쇠향(iron)이 느껴질 때가 있다. 커피에서 쇠향이 느껴졌다면 다음의 두 가지 문제 중 하나다. 하나는 살짝 덜 익혀진 것이고, 다른 하나는 살짝 그을림으로 인한 것이다. 둘 중에 어느 것이 원인인지 알아야 수정 보완하여 해결할 수 있다.

덜 익힘, 지나침(under-, over-development)

'덜 익힘', '지나침'의 의미는 어느 특정 볶음에서만 나타나는 것이 아니다. 덜 익는 현상이 약하게 볶았을 때만 나타나고, 지나치게 볶는 현상이 강한 볶음에서만 나타나는 것은 아니라는 의미다. 다시 말해서 약하게 볶아도 지나침 현상이 나타날 수 있고, 강하게 볶아도 덜 익혀지기도 한다. 커피를 강하게 볶으면 향이 강해져서 탄향과 구별하기 어렵다. 각각의 볶음도 별로 완성도를 따져 본다면, 약하게 볶든 중간으로 볶든 강하게 볶든 두 가지 현상은 나타날 수 있다.

커피를 볶을 때는 목표를 정하고 목표에 맞게 열량을 조절해야 한다. 열량이 부족하면 덜 익힘이 나타나고, 열량이 과하면 지나침이 나타난다. 새로운 콩을 볶을 때는 열량이 얼마나 필요한지 바로 알 수 없다. 볶으려는 콩을 여러 번 볶아 보고 관능으로 점검하면서 적절한 열량을 찾아야 한다. 하지만 실제로 볶을 때 필요한 열량을 계산하기는 어렵다. 한 번이라도 더 볶아보자.

커피는 고온에서 배출되기 때문에 얼 제이가 필요하다. 열 제어 방법은 초 단위로 결과물을 다르게 만들기도 한다. 같은 방법으로 해도 결과물이 좋거나 나쁠 수도 있고, 다르게 나타날 수도 있다.

이 때 문제점은 하나씩 나타나기도 하고, 한꺼번에 여러 가지가 나타나기도 한다. 문제가 복합적으로 발생되면 하나씩 해결해 나가자. 문제가 무엇인지 아는 것이 더 중요하다.

9. 향을 의식적으로 인지하자

커피는 향이다. 맛으로 판단하는 음료이지만, 후각으로 느끼는 향 물질을 훨씬 더 많다. 하지만 품질을 점검하거나 평가할 때는 직접 맛을 보게 된다.

이때 가장 의견을 많이 제시하는 것이 향이다. 커피에서 느껴지는 달달함은 맛보다 향에 관련되고, 신맛도 향과 더불어 표현된다. 그만큼 커피에 있어 향은 가장 중요한 물질이다. 이게 없거나 부족하면 심심한 커피가 만들어진다.

커피가 잘 볶였는지 점검할 때는 결과물이 목표대로 만들어졌느냐가 관건이다. 일반적으로 볶은 커피의 품질 평가는 색을 기준으로 배출하고, 맛과 향을 체크한다. 색은 시각으로 확인 가능하고, 배출 포인트로 결정하기에도 좋다. 특히 새로운 경험을 하는 사람에게 빠르게 인지되므로 기준으로 정하기 좋은 방법이다.

그러나 같은 색으로 볶았더라도 커피의 종류마다 볶음 정도가 달라질 수 있다. 볶는 동안 커피 색의 변화는 열량과 시간, 그리고 커피가 가지고 있는 물질의 양에 따라 달라질 수 있다. 커피를 볶을 때 향을 기준으로 배출하는 방법을 제시하면 다음과 같다.

커피에 있어 향미는 꽃이며, 중요한 포인트다. 커피 향은 볶는 동안 후각을 이용하는 것이다.

커피를 볶을 때 향이 발현되는 시점은 크게 세 번 정도 일어난다.

첫 번째 향은 1차 팝의 언저리에서 확인되고, 세 번째 향은 2차 팝 언저리에서 풍겨진다. 특히 세 번째 향은 갈수록 비슷한 향이 강해지기 때문에 확인하기 쉽다. 두 번째는 세 번째 향을 만들어 내기 위한 중간 생산물이다.

두 번째 향은 열량이 적절히 투입되어 잘 발현되면 확인이 가능하지만. 열이 너무 많거나 부족하면 '쓱' 지나칠 수 있다. 또는 1차 팝에 연이어 나기도 하고, 겹쳐서 나기도 한다.

과거 강하게 커피를 볶았던 시절에는 중간에 향이 발현된다는 것을 몰랐다. 품질이 좋은 커피를 볶다보니 1차 팝이 끝난 후 두 번째 향이 발현됨을 알게 되었다.

커피의 향 물질은 대부분 메일라드 반응과 캐러멜화에서 색과 더불어 발현된다. 이와 같은 화학 반응이 잘 일어날 수 있는 물질을 갖춘 좋은 커피로 연습하는 것이 향을 인지하는 데 도움이 된다.

또 다른 측면에서 보면 향이 발현되고 난 후 다음 향으로 전환되는 과정에서 볶는 것을 멈추고 배출하면 자칫 커피는 향이 부족해서 밋밋할 수 있다. 이것은 다음 향을 발현키 위하여 열이 흡수되면서 분리되는 과정이다.

단순히 커피를 볶는다는 것만으로 설정한 목표에 정확히 도달되는 것은 아니다. 이유는 에너지를 활용한다는 것은 눈에 보이지 않으며, 열로 인해서 미시적인 물질이 분리되고 결합하고 다시 재배치가 되기 때문이다.

어려워도 커피에서 향을 배제하지는 말자.

10. 결과물에 대한 판단이 중요하다

커피를 볶고 나서 결과물에 대한 완성도와 목표치를 점
검하는 것은 중요한 작업이다. 결과물에 대한 점검은 상품으
로서 같은 품질을 유지하고 있느냐가 첫 번째 목적이다. 두
번째 목적은 완성도를 높이는데 있다. 경험이 많이 쌓이면 완
성도가 높아질 수 있지만, 무의식적으로 하면 더 이상 기대할
수 없다.

이 직업은 완성도와 품질에 대한 기준을 분명하게 인지
하고 있어야 가능하다. 많은 경험과 학습이 필요한 영역이기
도 하다. 기준에 대한 고민을 지속적으로 하고, 결과물에 대
한 연구를 끊임없이 하면 좋은 결과가 나올 것이다.

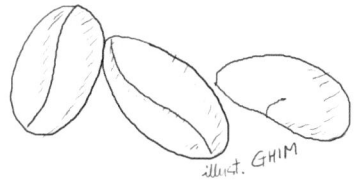

커핑 방법

준비물: 분쇄커피, 200ml 컵 다수, 커핑스푼, 물, 뱉을 컵, 기록지

1. 커피를 계량한다. 볶음 정도에 약 10~12 g 준비한다
   커핑할 컵 2개에 담는다.

2. 한 컵은 그라인더 린스용으로 사용한다. 분쇄시 그라인더를
   먼저 작동시킨 후 한다.

3. 분쇄된 커피 컵이 준비되면 아로마를 체크한다.

4. 끓는 물이 약 92~94℃가 되면 컵에 물을 붓는다.

5. 4분이 지나면 위에 떠있는 커피가루를 스푼을
   이용하여 3번정도 가라앉히듯 저어준다.
   이때 스푼이 컵 아래 커피를 건드리지 않도록 한다

6. 컵 상단에 가라앉지 않은 거품을 제거한다

7. 너무 뜨겁지 않은 상태에서 향과 맛을 체크한다

3부

실습준비

따라해 보기

illust. GHIM

1. 따라해보기

'따라하기'는 새로운 것을 접할 때 가장 좋은 방법이다. 모방은 단순히 흉내를 내는 단계를 넘어 내 것으로 만들어 나가는 최고의 수단이기도 하다. 따라하다 보면 문제점이 보이고, 자기만의 아이디어가 떠오르기도 한다. 기술을 처음 접하는 사람에게는 더할 나위 없이 좋은 방법이다.

'커피 볶는 것을 따라한다'는 것은 어떻게 하라는 것일까. 첫 번째 방법은 같은 콩을 여러 가지 방법으로 볶는 것이다. 두 번째는 다른 콩을 같은 방법으로 해보는 것이다.

대표적으로 두 가지 방법을 제시했지만, 각각의 방법에 가지를 친다면 많은 경우의 수가 나올 수 있다. 어떤 방법을 선택하든 최종 목표에 도달하는 것은 비슷하다.

첫 번째의 경우를 예로 직접 볶아보자.

시간을 고정하지 말고 **화력의 변화**만으로 볶는다. 화력은 배출할 때까지 고정하는 방법, 높은 화력으로 시작하여 점점 낮추는 방법, 낮은 화력으로 시작하여 점점 높이는 방법, 3가지 방법을 기본으로 출발한다. 결과물을 관능으로 비교한 후 조금씩 수정해 나간다.

추가로 더 할 수 있다면 화력을 낮게 시작하여 높였다가 다시 낮게 조정하는 방법, 높은 화력으로 시작하여 다시 낮춘 후 점점 높이는 방법 등 변화를 주면서 볶아본다.

이와 같은 방법으로 테스트를 할 때 반드시 지켜야 할 것이 있다. 볶이는 콩의 온도보다 화력이 높아야 한다는 것이다(프로파일 샘플 보기를 참고).

화력의 강약을 조절하는 각각의 방법마다 볶는 시간은 달라진다. 화력 조절에 의한 방법의 차이로 결과물도 다를 수 있다.

일반적으로 '고온으로 시작하여 낮아지는 방법'은 신맛이 강하면서 향의 강도가 다소 센 편이다. 강한 화력으로 인해 열이 주입되는 시간이 짧아져서 물질들이 충분히 반응을 하지 못하기 때문이다.

반대로 '낮은 화력에서 높은 화력으로 점차 높이는 방법'은 신맛이 줄어들고 향의 강도가 높지 않아서 자칫 밋밋하게 될 수 있다. 약한 화력으로 인해 열이 주입되는 시간이 길어지면서 신향과 함께 신맛 등이 휘발되거나 분해되기 때문이다.

두 번째 방법으로 다른 콩들을 같은 방법으로 볶는 것은 4부의 프로파일 샘플 보기를 참고하기 바란다.

커피를 볶을 때, 화력의 강약 구성은 결과물에 대한 기호로 선택하면 된다. 볶은 결과물의 원하는 목적에 따라 화력을 선택하자.

집에서 팬으로 커피 볶기 (약 15~20분 소요)

준비물: 볶을 커피(생두) 100g. 밑바닥이 둥근 코팅팬.
　　　작은 구멍이 있는 뚜껑 (없어도 무관), 가스조리대 (휴대용 가능)
　　　식힐 망. 선풍기. 튼튼한 팔.

1. 가스조리대에서 볶을 경우 렌지후드를 먼저 켠다.

2. 생두를 팬에 담고 가스불을 켠다.

3. 팬을 두손으로 잡고 계속 저부는 동작을 1초에 한번씩 한다
　 팬을 흔들때 커피가 위아래로 바뀌도록 한다.

4. 콩의 색이 노랗게 변하면서 빵굽는 냄새가 나면 뚜껑을
　 덮고 계속 저불어 준다.

5. 커피에서 소리가 나기 시작하면 팬을 불에서 10~15cm 위로
　 올려 흔들어 준다. 이 때 뚜껑을 열어준다

6. 원하는 색이 되면 불을 재빨리 끄고 커피를 망에 쏟는다
　 선풍기를 이용하여 빠르게 식힌다.

7. 커피가 다 식으면 저장용기에 담는다.

8. 주변 청소를 한다 (쳐프 날림)

9. 잘 볶였는지 확인한다

주의 !! 쳐프에 불이 붙기 안토록 해주세요.
　　"자나 깨나 불조심"

2. 전체를 보고 디테일을 수정하자

커피를 볶는 과정에서 일어나는 현상들을 자세히 알고 있다면 실제로 연습하기에도 도움이 된다. 1부에서 볶는 과정 전체를 관찰하면서 기록하는 것이 좋다고 설명하였다. 요리도 완성되기까지 전체 과정이 단계별로 나눠진다. 커피 역시 어떻게 단계별로 구성하느냐에 따라 결과물이 달라질 수 있다.

볶는 단계는 수분을 날리는 1단계, 화학 반응의 초기 단계인 1차 팝까지 2단계, 1차 팝 이후 3단계, 나머지 쿨링 등이다. 자세히 구분하면 1단계에서 터닝 포인트 전과 후, 2단계에서 옐로우, 브라운이다. 3단계는 1차 팝, 휴지기, 2차팝, 배출이다. 배출은 1차 팝 이후 기호에 따라 다를 수 있다.

화력 조절은 각 단계별로 전체에서 차지하는 비율에 의해 달라지고, 그에 따라 시간 또한 달라진다. 그래서 결과물이 달라질 수 있다. 예를 들면, 커피가 가지고 있는 물질의 성분이 비슷하면 결과물은 크게 달라지지 않는다. 그러나 화력의 강약으로 인하여 단계별로 반응의 속도가 달라지면 생성 물질의 강도와 양도 달라질 수 있다.

세 단계에서 필요한 열량의 비율이 1:1:1이라고 가정해 보자. 이 비율대로 볶은 결과물이 좋았다면 이대로 프로파일을 정하고 진행하면 된다. 반대로 결과물이 좋지 않다면 비율을 수정해야 한다.

예를 들면, 결과물에서 찐 듯한 향미가 풍긴다고 하면 수분날리기 1단계를 조정하면 된다. 원인은 콩 안의 수분이 증발하기 위해 시간이 필요한데, 너무 화력이 높아 콩 안의 압력이 높아져서 수분이 갇혔기 때문이다.

화력을 동일하게 주입하였을 때 수분이 많은 콩과 적은 콩의 볶는 시간은 다르다. 수분이 많으면 시간은 지연되고, 수분이 적으면 시간은 빨라진다. 이와 같은 현상을 상태 그대로 할 것인가, 나만의 방식으로 바꿀 것인가는 선택하면 된다. 결국 결과물이 나쁘지 않아야 하고 남들과의 차별을 위해 유니크함을 표현할 수 있다면 더할 나위 없겠다.

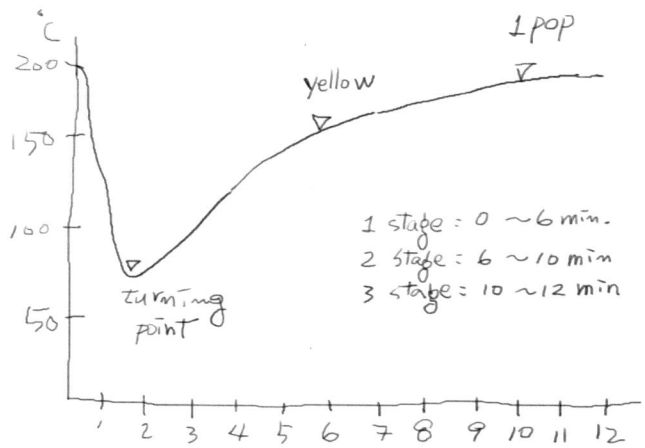

정리하면 각 단계별 열량 비율을 1:1:1, 1.5:1:0.8, 3:2:1 등으로 다양하게 계획할 수 있다. 결과물을 반드시 확인하는 것을 잊지 말자. 비율은 재료의 상태에 따라 다양할 수 있다.

3. 부분을 단계별로 관찰하자

볶는 과정 전체의 열량 비율을 정했다면 이번에는 부분별로 살펴보자.

1단계인 수분 날리기에서 특히 살펴야 할 것은 '수분이 어떻게 증발하는지'이다. 실제로 볶는 과정에서 수분 증발은 눈으로 확인이 불가능하다. 단지 고무화가 시작되면서부터 본격적으로 수분이 증발된다고 예상할 뿐이다. 화력을 어떻게 주입하였느냐에 따라 고무화(pale) 현상은 다르게 나타난다.

일반적으로 밀도가 낮은 경우와 밀도가 높고 수분이 많은 경우 특히 다르게 나타난다. 전자는 고무화가 전체적으로 나타나고 후자는 가장자리부터 나타난다. 콩마다 다르게 나타나지만, 1단계에서 화력과 시간의 차이로 인해 부피 변화, 1차 팝이 일어나는 소리의 크기, 1차 팝 지속 시간이 달라질 수 있다.

　　2단계의 경우 향미 발현이 시작되는 단계다. 이 단계에서는 적어도 2분 이상 지속되도록 하는 것이 향미 발현에 도움이 된다. 메일라드 반응은 천천히 진행하도록 하는 것이 좋다. 메일라드 반응은 단일 반응들이 연속적으로 나타나기 때문에 반응들이 일어날 수 있도록 시간을 유지시키는 것이 중요하다. 결과물을 관능으로 확인하면서 전체 중 2단계 열량 비율을 조정한다.

　　마지막 3단계인 1팝 이후의 단계이다. 이 단계는 디벨롭먼트타임(development time)으로 언급되기도 한다. 이 딘계는 1,2단계에서 어떻게 진행되었는지에 따라 다소 차이가 있을 수 있다. 이전 단계를 무시하고 디벨롭먼트 단계를 완성하기는 어렵다. 3가지 단계 중 가장 어려운 것은 배출 포인트이다. 3단계에서 주름의 상태, 팝 소리의 크기와 지속시간, 부피, 색 그리고 마지막으로 향을 체크하면서 목표하는 시점에 배출한다. 배출은 커피 볶는 과정에서 화룡점정과 같다.

　　부분을 체크하면서 전체를 점검하고 완성도를 높이는 작업은 커피를 볶는 과정에서 어느 하나 놓칠 수 없는 것이다. 경험과 함께 연습을 계속해보자.

'커피볶기' 무조건 해보기

준비물: 기계, 생두 (기계 용량의 약 70% 정도의 양) 5 배치 정도,
저울, 컬러 샘플 (있으면 좋다)

1. 기계를 최대화력의 1/4 ~ 1/3 화력으로 예열한다
   20분 정도 200℃ 에 도달하도록 한다

2. 200℃ 에 도달하면 불을 끄고 호퍼에 콩을 넣는다

3. 180℃ 되는 시점에 콩을 투입한다

4. 투입이 완료되면 불을 켠다. 화력의 세기는 2/3 정도
   에서 변화는 주지 않는다

5. 투입 시간을 0 분으로하고 1분 단위로 기록한다

6. 볶는 중간 중간에 확인봉을 이용하여 색, 냄새, 주름
   등의 변화를 관찰하여 기록한다

7. 1차 팝이 일어나는 시간과 온도를 기록하고 배출타이밍
   을 결정한다. 볶는 경험이 없는 사람은 1차 팝이
   끝나는 시점에 배출한다

8. 배출한 콩은 빠르게 완벽하게 식힌다

9. 결과물에 대한 점검은 커핑으로 한다

4. 로스팅기준을 설정하자

커피 프로파일을 만들기 위해서는 기준이 필요하다. 기준을 설정하는 이유는 변수가 발생되었을 때 판단을 하기 위해서이다.

쉽게 생각할 수 있도록 잼을 만드는 예를 들어보자. 잼을 만들 때 작업을 마쳐야하는 시기를 놓치면 낭패를 본다. 처음 잼을 만들 때, 완성된 잼을 생각하면서 계속 끓이다가 긴가민가하면서 마친 경험이 있다. 이 잼은 결국 식었을 때 사탕이 되었다. 끓이는 과정에서 어느 시점에 작업을 끝내야 하는가에 대한 경험이 부족했다. 만약 농도에 대한 기준이 있었다면 완성도가 높은 잼을 만들 수 있었을 것이다. 커피를 볶는 과정은 사실 변수가 많기도 하지만 보이지 않는 부분을 판단해야 하는 경우가 더 많다. 그래서 더욱 기준이 필요하다.

로스팅 프로파일에서 기준으로 적합한 것은 무엇일까. 투입 온도, 터닝 포인트, 배출 온도, 팝의 온도와 시간, 배출 온도 등이다. 기준은 하나 혹은 몇 가지를 함께 사용하기도 한다.

우선 투입 온도를 기준으로 하는 것보다 터닝 포인트를 기준으로 하는 것이 좋다. 이유는 커피 생두는 밀도나 수분 정도가 다르기 때문이다. 상태가 다른 커피들을 같은 온도에 투입하게 되면 터닝 포인트가 달라지고, 배출까지의 온도 상승 속도가 달라진다. 온도 상승 속도의 차이가 많으면 콩마다 다양한 프로파일이 필요하고, 작업도 간단치 않아 혼란이 가중될 수 있다. 그래서 커피를 볶을 때의 시작 기준을 터닝 포인트로 하라고 권유하고 싶다. 터닝 포인트를 기준으로 하면 투입 온도는 커피마다 다르게 나타난다. 투입 온도는 콩마다 볶으면서 정하면 된다.

터닝 포인트의 온도는 몇 도가 적당할까. 보통 70 ~ 100℃ 정도를 기준으로 한다. 기계에서 활용되는 열에너지에 따라 온도의 상승 속도는 다르다. 대류를 많이 활용하는 기계의 경우 대체적으로 전반부의 속도가 높고 점차적으로 낮아지는 모양새이다. 전도를 많이 활용하는 기계는 상승률이 비슷하게 나타나기도 한다. 그러나 이와 같은 현상은 이론에 불과하고, 볶는 과정에서 변수는 언제든 발생된다.

터닝 포인트 이후 앞에서 설명한 각 단계 별로 열량 비율을 정해 화력을 주입한다. 배출까지의 화력은 콩의 온도보다 앞서가도록 한다.

이제 마지막 단계의 배출 포인트를 정하는 것이 중요하다. 배출 기준은 초보자에게는 온도로, 중급자는 컬러로, 전문가는 향으로 할 것을 권유한다. 후각보다 시각이 더 유리하므로 초보자는 시각을 이용하는 것이 더 쉽다. 시각 훈련이 익숙해지면 후각을 이용한 향에 집중하면 된다.

5. 화력의 패턴을 만들자

초보자의 경우 단순한 것부터 시작하는 게 좋다. 복잡해지면 기술을 익히기가 어렵다. 더구나 여러 가지 방법을 한꺼번에 습득하려다 보면 혼란이 오기 마련이다. 숙련자는 오히려 복잡한 방법을 단순화하고자 해야 한다. 숙련자의 단순화 작업은 모든 과정을 이해하고 있기 때문에 보다 쉽게 할 수 있는 것이다.

커피 볶는 연습을 충분히 하면 **패턴** 인식이 쉬워진다. 화력의 패턴을 만들면 작업을 효율적으로 할 수 있다. 콩의 상태에 따라 패턴을 다르게 할 수도 있다(샘플 보기2 참고). 몇 가지 변수를 결정하고 각각에 맞추어 만들어보자.

6. 나만의 프로파일을 만들자

각 단계별로 기준이 만들어졌다면 나만의 프로파일을 만들어보자. 프로파일을 만드는 방법은 크게 2가지가 있다.

첫 번째는 먼저 이론상의 프로파일을 만들어 놓고 그래프에 맞추어 화력을 주입하는 것이다. 두 번째는 여러 가지 방법으로 볶아 본 후, 나에게 맞는 프로파일을 만드는 것이다.

전자는 이론상의 프로파일로 볶은 결과물을 관능으로 점검한 후 수정하는 방식이고, 후자는 반대 방식이다. 진자는 처음에는 남의 프로파일을 따라해 보는 것부터 시작한다.

어떤 방법을 선택하든지 상관없다. 그래도 하나를 선택하라면 후자를 권유한다. 왜냐하면 나만의 기준이 설정되지 않은 상태에서 남의 프로파일을 무조건 따라 하는 것이기 때문에 막연할 수 있다.

여러 가지 방법이 있다면 선택은 자유다. 독자가 초보라면 첫 번째 방법으로 먼저 해보는 것도 좋다. 초보자에게는 쉬운 방법을 선택하는 것이 효율성을 높일 수 있다.

로스팅 프로파일은 각 단계별 기준(터닝 포인트, 옐로우, 브라운, 1차 팝 등)을 점으로 표시하고 각각의 점들을 선으로 연결하여 완성한다. 프로파일이 그려지면 반드시 해야 할 것은 점검이다. 프로파일대로 볶아보고, 맛과 향을 확인해 본다.

볶는 과정에서 꼭 기록을 잊지 말아야 할 것은 날씨, 특히 온도와 습도이다. 날씨에 따라 프로파일이 달라질 수 있기 때문이다. 우리나라에는 4계절이 있고, 계절 변화에 자연스런 대응을 할 때까지 프로파일은 1년에 적어도 4번은 점검해야 한다. 프로파일을 만들었다고 10년, 20년을 그대로 따라 하는 것이 아니다. 프로파일은 언제든 바뀔 수 있다. 변화에 익숙해지자.

7. 여러 가지 방법으로 해본다

프로파일을 이해하는 방법으로는 3가지가 있다.

각기 다른 콩을 하나의 프로파일로 볶아보는 방법과 하나의 콩으로 다른 프로파일을 적용하여 볶아보는 방법이다. 마지막은 볶는 양을 다르게 하는 방법이다. 이것들은 프로파일의 다양성과 콩의 다름을 이해하기 위해 좋은 방법이다.

어느 기술이든 목적은 같지만 방법은 다를 수 있다. 이를 전제로 보면 커피를 볶는 기술 또한 다르지 않다는 것을 알게 된다. 오히려 커피가 더욱 복잡 다양하다는 것을 인지하게 될 것이다. 왜냐하면 볶여진 상태가 크게 약볶음, 중볶음, 강볶음, 3가지나 된다. 3종류의 볶음정도에 볶는 방법도 천차만별이다.

다양하고 복잡한 작업을 이해하기 위한 방법으로 다른 콩들을 하나의 프로파일에 적용해 본다. 연습 방법은 나라가 다른 콩을 선택하고 하나의 프로파일을 적용한다. 밀도나 수분정도가 다른 콩을 볶을 때 하나의 프로파일을 적용한다면 그래프에 맞추기 위해 화력 조정이 필요하다.

다른 한편으로 하나의 콩으로 다른 프로파일을 적용해 본다. 하나의 콩으로 여러 가지의 프로파일을 적용할 때도 화력 조정은 필요하다. 화력 조정은 어느 방법이나 반드시 필요하고 결과물도 달라진다.

볶는 양을 달리하는 것은 화력을 이해하는데 도움이 된다. 기계에 적절한 양을 볶고 나면 반대로 소량도 볶아 보고 대량도 볶아 본다. 볶는 양을 절반으로 줄이면 화력을 얼마만큼 줄여야 할까를 고민해 보고 볶아 본다. 실제 콩의 양을 반으로 줄였다고 화력도 반으로 줄지 않는다. 이유는 비어있는 공간만큼 에너지 손실이 생기기 때문이다.

여러 가지 방법을 반복하다 보면 좋은 결과의 프로파일을 만들 수 있다. 따라서 방법이 다름에 따라 결과물도 다양하다는 측면에서 기호도와 목적에 맞는 방법을 찾아내면 된다.

결과물 점검하기

준비물 : 커핑할수 있는 도구들, 즐겨마시는 도구

체크 방법 : 뜨거울때부터 식을때까지 계속한다
　　　　　　볶는 과정의 오류를 확인 하고 수정을 할수 있도록 한다

I. 완성도 확인하기

1. 목표에 맞는 볶음정도 인지 확인

2. 열량 부족하거나 과하지 않았는지 확인

3. 신맛과 쓴맛 이 원하는대로 발현 되었는지 확인.

II. 단계별 확인하기

1. 뜨거울때 향미와 입안에서의 지속시간을 확인

2. 따뜻할때 산미와 촉감, 균형감을 확인.

3. 미지근할 때 단향과 클린 컵, 일관성을 확인

4. 커피가 실온이 되었을때 모든 항목들을 다시 확인

★ 평가의 기준은 객관적이어야 하며 연습을 계속하자

4부

실습

훈련방법, 샘플보기

커피를 볶는 데 연습 방법은 3단계가 있다.

이 방법은 결과물의 완성도를 높이기 위한 훈련이다. 연습은 의식적으로 한다. 이 훈련 방법은 한 단계가 완성될 때까지 연습하고 완성되면 다음 단계를 연습하는 것이 좋다.

기계 훈련

　기계 훈련은 기계를 활용하는 방법을 체득하는 것이다. 아래에 제시된 항목들을 당황하지 않고 할 수 있도록 연습한다.

1. 기계를 잘 다룰 때까지 계속 볶는다.

　콩을 투입하고 호퍼와 드럼사이의 덮개가 열려 있지 않도록 확인한다.

2. 가스 불을 켜고 끄는 타이밍을 잡는다.

　볶는 콩의 양과 화력의 세기와의 관계를 알아간다

3. 기계의 온도게이지를 통해서 콩의 온도를 추측한다.

4. 목적에 맞는 배출 포인트를 찾아낸다.

5. 배출 시 먼저 불을 끄고, 쿨링을 재빠르게 할 수 있도록 한다.

시각 훈련

기계 훈련이 끝나면 본격적으로 커피를 볶는 연습을 해본다. 시각 훈련은 세심하게 관찰하고 배출 포인트를 결정하는 것이다.

1. 서로 다른 커피콩들을 같은 양으로 준비한다.
2. 화력은 고정하고 연속해서 볶는다.
3. 긱긱의 콩들의 색이 깉도록 배출 포인드를 목표로 세우고 배출한다.
4. 다른 콩들도 같은 방법으로 볶는다.
5. 볶여진 콩들을 분쇄하여 서로 색이 같은지 확인한다.
6. 분쇄했을 때 같은 색이 나오도록 볶기 연습을 반복한다. (다른 콩들로 3개, 5개, 10개, 20개의 콩들을 연습)
7. 연속해서 볶은 콩의 색이 같다면, 원하는 목표의 커피를 볶아본다.

분쇄된 콩의 색을 비교할 때는 컬러 분석기로 하면 좋다. 눈으로 비교한 후 기계를 사용하여 정확하게 판단하였는지 확인한다.

후각 훈련

후각 훈련은 향을 인식하는 훈련이다. 커피를 볶는 과정에서 향이 만들어지는 기작을 이해하는 것이다. 완성단계에서 향을 감지하여 배출 포인트를 찾는 것을 목표로 한다.

1. 생두를 준비한다.
2. 커피를 볶기 시작하면서 처음에는 1분 단위로 냄새를 맡고 기록한다.
3. 1분 단위로 냄새가 인지되면 구간 별로 냄새를 맡고 기록한다. (수분 날리기, 패일, 옐로우, 브라운, 팝 등)
4. 구간별로 인지되면 1팝에서 2팝까지의 구간을 세심히 냄새를 맡고 기록한다. (향의 종류보다 향의 변화를 중심으로 맡는다)
5. 최종 연습은 원하는 향을 만들어내도록 화력 조절을 해본다.

향을 중심으로 커피 볶는 연습은 재료의 선택이 중요하
다. 기본적으로 재료는 향이 잘 발현될 수 있는 물질을 많이
가지고 있는 것이 좋다. 후각훈련을 목표로 한다면 체득이 될
때까지 향이 풍부한 재료를 구하도록 하자.

커피를 볶는 훈련은 화력을 잘 다뤄 재료의 특성을 극대화
시키는 것이 목적이다. 그러기 위해서 콩에 화력을 주입하는
방법과 주입 방법에 따라 물질의 변화를 이해하는 것이 중요
하다. 커피를 볶는 사람은 화력을 활용하는 방법을 터득하여야
한다. 결국 커피는 향과 맛이기 때문이다.

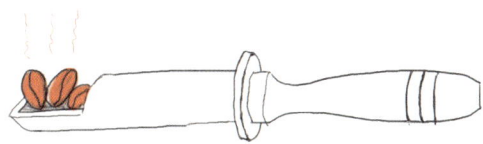

프로파일 샘플 보기 1

커피를 볶는 프로파일 샘플 제시는 어떤 특정한 커피로 할 수 없다. 예를 들면 에티오피아를 볶는다고 하자. 콩이 수입되는 시기와 고도에 의해 밀도나 수분이 같다고 보기 어렵기 때문이다. 같은 나라나 같은 지역의 커피라 하더라도 콩의 상태가 다르다. 어떤 기준으로 볶는 샘플을 제시할지 난감하다. 샘플 예시는 밀도, 수분 정도가 다를 경우만을 제시한다.

이 책에 제시된 프로파일들은 각자의 기계 상태나 환경에 따라 변동될 수 있다. 결과물의 상태에 따라 어떻게 수정해야 할지 고민해보기 위한 지표로 삼았으면 한다. 제시된 샘플이 정답일 수는 없지만 일반적인 양상을 보여주기는 한다. 이와 같은 방법으로 연습하고 경험을 쌓아서 나만의 독특한 커피를 만들어보자.

기본 프로파일의 유형

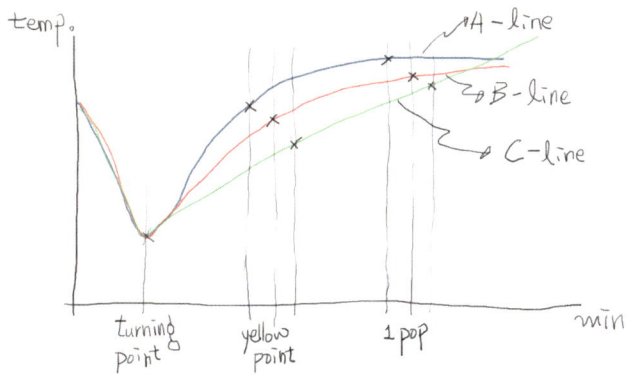

커피 프로파일은 위의 그림에서 보듯이 3가지 유형으로 나뉜다. 어떤 유형이 좋은가는 기계의 특성에 따라 달라질 수 있다. 각자의 목적과 환경에 맞춰 선택하면 된다. A라인은 주로 대류열을 이용하는 기계에서 많이 나타나는 유형이고, B라인은 대류와 전도를 같이 활용하는 유형이다. C라인은 직화 혹은 반직화 혹은 반열풍 기계에서 전도를 많이 활용하는 유형에 속하기도 한다.

중요한 것은 어떤 유형의 프로파일을 선택하느냐가 아니다. 프로파일대로 볶았을 때, 다르게 표현되는 콩들을 어떻게 해석할 것인가이다. 다음 예를 보자.

기준의 프로파일과 다르게 나타날 경우

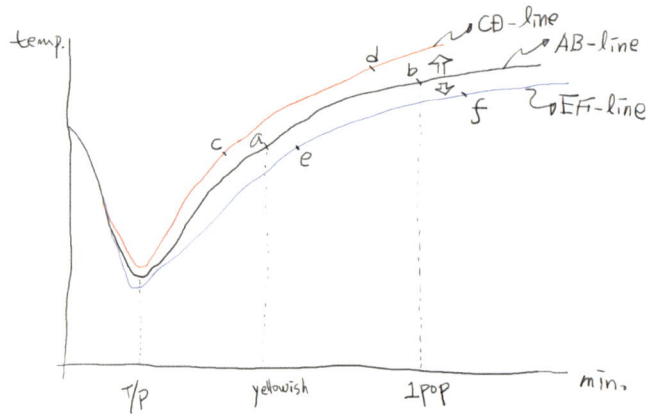

위의 그림에서 AB라인의 프로파일을 기준으로 정하였다고 하자. 실제로 커피를 볶을 때, 콩에 따라 프로파일보다 빠르게 진행되는 경우(그래프의 기울기가 가파르다-CD라인)와 느리게 진행되는 경우(그래프의 기울기가 완만하다-EF라인)가 있을 수 있다.

예를 들면 생두의 수분율이 기준보다 적으면 대체로 CD라인의 형태로 나타날 것이다. 반대로 수분율이 많으면 EF라인 형태를 보여준다. 이럴 때는 어떻게 수정해야 할까.

AB라인의 프로파일과 다르게 나타나는 원인이 뭘까.

콩의 수분이 적을 경우, 콩에게 열 전달이 빠르게 이뤄지지 않기 때문에 드럼의 온도 게이지가 가파르게 형성된다. 수정 방법은 그래프를 확인하면서 화력을 낮춰준다.

반대로 수분이 많은 경우, 콩으로의 열 전달이 잘 된다. 콩 내부의 수분 증발을 위하여 드럼으로부터 열이 흡수되면서 드럼의 온도 게이지가 느리게 상승된다. 열이 부족하지 않도록 지속적으로 화력을 주입하는 것이 수정 방법이다.

이 방법은 온도의 상승 곡선으로, 보이는 현상에 대한 이론이다. 관능으로 결과물을 점검하면 수정 방법은 달라질 수 있다.

프로파일 샘플 보기 2

콩의 밀도와 수분율이 다를 경우를 생각해 보자. 수정 방법은 화력의 변화를 준다. 보유하고 있는 기계의 화력과 콩의 관계를 알아보기 위하여 다음의 예를 살펴보자. 배출 포인트는 같은 기준(볶음 정도 혹은 컬러 혹은 향)으로 설정한다.

프로파일에 적용하기 위한 화력의 조절 테스트

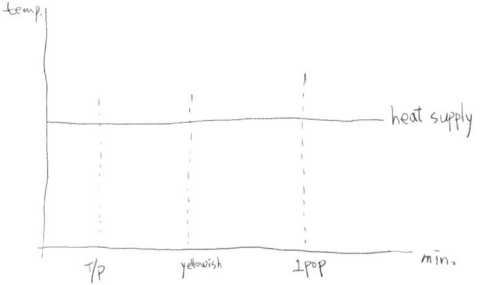

우선 화력의 세기를 고정하고 완성도에 맞게 커피를 볶아본다. 이렇게 볶인 콩을 테스트 콩이라고 하자. 시간과 압력의 세기를 기록하고 결과물을 점검한다. 관능 검사에서 완성도가 높다고 판단되면, 밀도나 수분 정도가 다른 콩을 적용해 본다.

밀도가 높은 경우

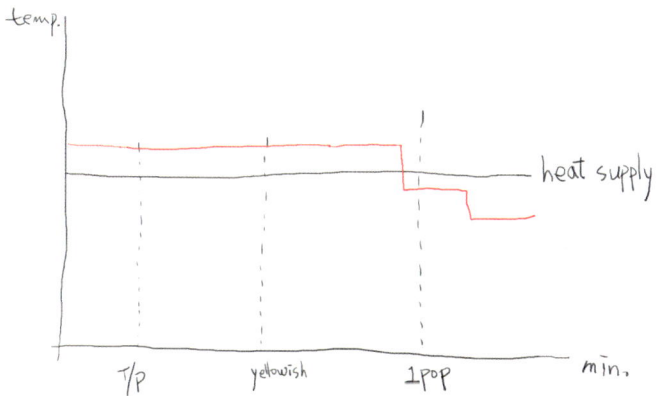

　　테스트용 콩과 수분 정도는 비슷하지만 밀도가 높다고 하면 처음 주입되는 화력을 조금 더 세게 진행해 본다. 밀도가 높으면 전체적으로 단단하여 화력 주입이 어렵기 때문에 열이 잘 흡수되도록 처음부터 높은 화력으로 시작하는 것이 좋다.

　　테스트한 커피 콩과 같은 시점의 결과물을 원한다면 화력을 점차 낮춰준다. 이유는 다소 과한 화력이 후반부까지 이어지면, 후반부에서 그을림 현상이 나타날 수 있기 때문이다. 이때 화력은 적어도 콩의 온도보다는 높아야 한다. 그 이유는 앞서 설명하였다.

밀도가 높고 수분이 많은 경우

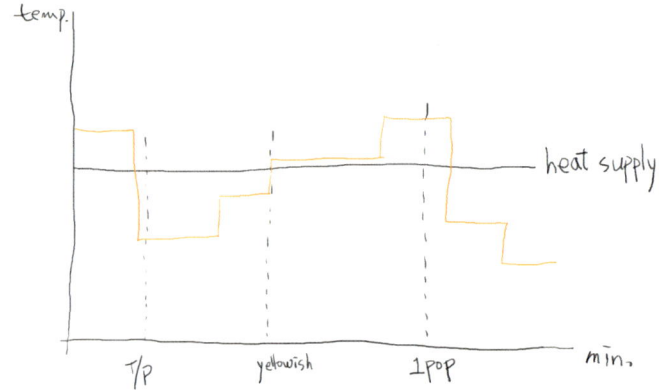

수분이 많은 경우 기존의 프로파일대로 볶으면 터닝 포인트가 낮아지고, 전체 볶는 시간도 길어질 수 있다. 또한 밀도가 높다 하여 너무 높은 화력으로 진행되면 콩의 내부 압력이 높아져 수분 증발이 원활하게 진행되지 않는다.

시작은 높은 화력으로 하지만, 수분이 많기 때문에 터닝 포인트부터 낮은 화력으로 변경해 준다. 볶는 과정이 진행되면서 부족한 열은 점점 화력을 높이는 것으로 보충한다. 1차 팝이 진행되면서 전체 에너지가 과하다면 점점 화력을 낮춰 준다. 관능(커핑)으로 결과물을 판단한다.

수분이 낮은 경우

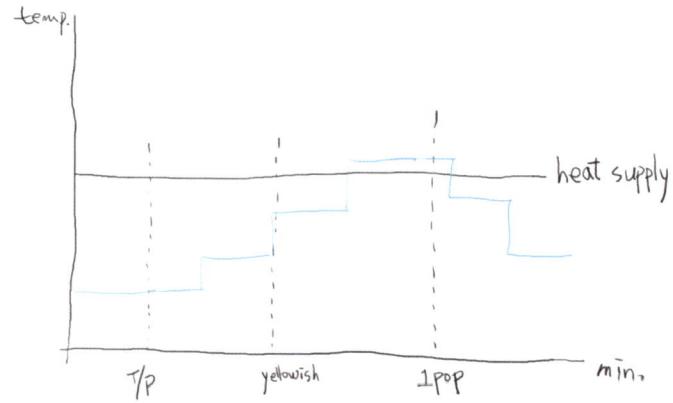

마지막으로 테스트한 콩보다 수분도 적고 밀도도 낮은 경우와 밀도는 비슷한데 수분이 적은 경우이다. 두 가지의 콩은 다소 마른 상태이기 때문에 화력 주입에 주의해야 한다. 왜냐하면 수분이 없어 열 흡수가 잘 이루어지지 않지만. 마른 상태이기 때문에 내부로 열이 전달되는 순간 빠르게 진행될 수 있기 때문이다.

초반부터 조심히 열을 주입하고 후반부에 세심하게 콩을 살펴야 한다. 콩이 탈 수 있는 조건이 갖추어져 있기 때문이다.

이밖에도 많은 콩들이 조금씩 다르다. 경험이 많아지면 화력과 시간과의 패턴들이 보이기 시작한다. 경우에 따라서는 콩들마다 프로파일을 달리할 수도 있다.

필자에게 가장 어려운 콩은 '겉이 딱딱하면서 내부는 부드러운 콩'과 '허니 프로세스를 거친 단단한 콩'이었다. 지금도 그런 콩을 만나면 고민을 많이 한다.

커피를 볶는 것은 매번 다른 콩을 마주하는 일인지도 모르겠다. 같은 커피를 마셔도 오늘과 어제가 다르고 새로울 것이다. 하루하루를 새롭게 콩을 볶는다는 기분으로 신비로운 매력에 빠져보면 어떨까.

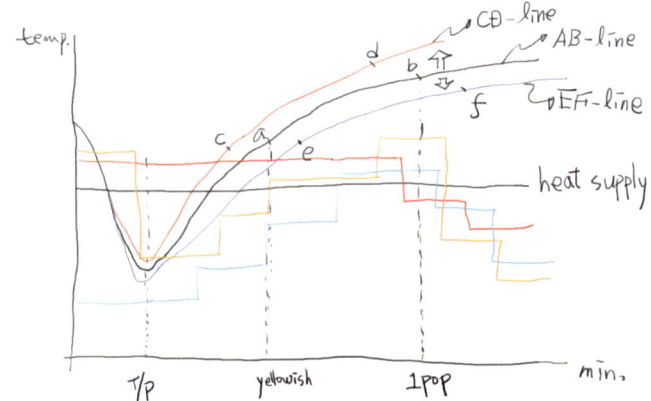

기타 예시

다음의 예시는 디스커버리를 이용하여 커피를 볶은 예이다. 종류는 허니 프로세스 한 코스타리카와 수세가공한 케냐 AA이다(뒷 페이지 그림).

생두의 상태를 파악하기 위하여 1차 팝 중반 이후 배출하였다. 관능으로 결과물을 판단하고 목표로 정한 볶음 정도에 맞추어 화력과 배출 포인트를 결정한다. 이제 기계에서 원하는 목표대로 적용하여 볶는디.

여기 제시된 것은 예시일 뿐, 다른 환경에서는 달라질 수 있으므로 참고만 하자.

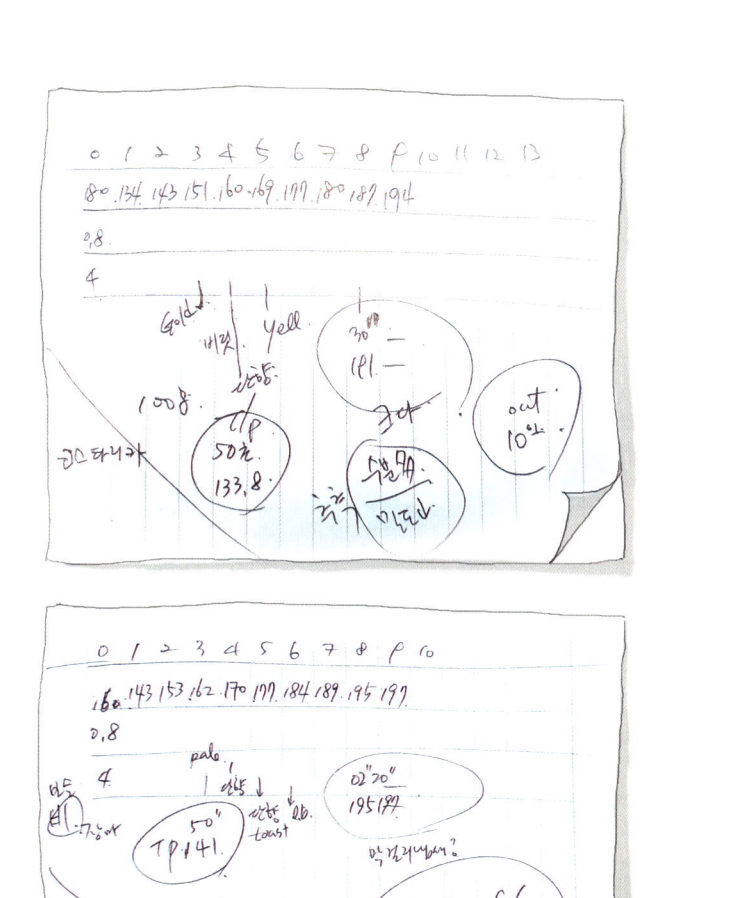

에필로그

기술을 제대로 익히고 습득하려면 노력을 많이 해야 한다. 가끔 커피가 아닌 다른 업종을 운영하는 분들을 만나면 정말 열심히 하는 모습에 고개가 숙여진다. 그 분들도 공부하고 연구하는데 실패했다고 고민하는 모습에 존경심이 절로 나온다.

장사는 공부만 한다고 잘 되는 것은 아니다. 마케팅, 영입, 기술, 인테리어, 운영 등 다 깃춰야 한다. 이 모든 깃을 운영자 혼자하기에는 너무 힘이 들고, 앞으로 나아가기도 어렵다. 임대료에 인건비까지 올라가는 시대에 최소 운영으로 버티는 것은 쉬운 일이 아니다.

그럼에도 불구하고 오래 버티기 위해서는 기술력을 쌓아야 한다고 생각한다. 커피집이라면 기본적인 커피 향미가 좋아야 한다는 철학을 가지고 나머지에 집중해야 한다. 그래서 커피를 하는 사람들과 새롭게 시작하는 사람들에게 내가 걸어온 길보다 빨리 갈 수 있도록 가이드를 제시해 본다.

언제가 될지 모르지만 관능에 대한 책을 써보려 한다.

오늘도 커피를 볶자!

부록

용어 해설

(가나다 순)

용어 해설

5탄당, 6탄당 (pentose, hexose)

탄소원자를 몇 개 가지고 있는 당인가에 따라 붙여진 이름이다. 5개이면 5탄당, 6개이면 6탄당이다. 펜토오스(pentose)라고 불리는 5탄당의 대표적인 물질은 RNA에 포함된 리보오스, 아라비노오스, 크실로오스 등이다. 헥소오스(hexose)라고도 하는 6탄당은 커피에도 함유되어 있는 글루코스(포도당), 프락토오스(과당) 등이 있다.

가수분해 반응 (hydrolysis)

화학 반응 중에 물분 자가 작용하여 분해하는 것을 말한다. 커피에서는 대표적으로 메일라드 반응에서 가수분해와 클로로겐산이 일부 가수분해로 물질을 분해한다.

갈변 현상 (browning reaction)

식물의 잎과 과일 등에서 색이 갈색으로 변하는 현상을 말한다. 커피에서는 중요한 화학 반응이다. 커피의 갈변은 메일라드 반응과 캐러멜화의 결과로 나타나는 것이 대부분이다.

건류 (dry distillation)

공기를 차단하여 유기물질을 가열, 분해하는 것을 말한다. 주로 목재나 석탄에서 많이 이용한다. 커피는 수분이 많지 않고 고온에서 볶으므로 수분이 기화되면 건류 현상이 나타난다. 커피를 강하게 볶으면 건류에 의한 향들이 나타나기도 한다.

경화 (hardening)

사전적 의미는 단단해진다는 것이다. 커피에서는 수분 증발 시 화력이 너무 높아 겉면이 마르면 경화 현상이 나타나기도 한다. 만약 수분이 충분히 증발이 되지 않은 상태에서 겉면 경화 현상이 나타나면 수분이 갇힐 수 있어 향을 발현하는데 좋지 않은 영향을 미칠 수 있다.

고무화 (rubberization)

고체와 액체 사이의 상태를 말한다. 유리화된 물질에 비해 잘 부러지지 않는다. 커피에서는 수분 증발이 시작되는 시점부터 고무화 과정으로 배출 직전까지 이 상태를 유지한다. 배출한 커피는 유리화 상태로 되어 깨지기 쉽게 된다.

글리코실아민 (glycosylamine)

당의 질소 유도체의 일종으로 당의 헤미아세탈 수산기를 아미노기로 치환한 것이다. [네이버지식백과 화학대사전].
커피에서는 메일라드 반응에서 초기 단계에 만들어지는 물질이다.

기작 (mechanism)

간단하게 설명하면 매커니즘과 비슷한 말이다. 커피에서는 여러 물질들이 서로 인과 관계로 형성되고, 소멸되고 생성되는 등 순차적인 상호 작용을 한다는 의미이다.

기화열 (evaporation)

액체가 기체가 되기 위해 필요한 열을 말한다. 커피는 수분 증발에 이어서 기화하면서 콩의 색이 옐로우로 바뀐다. 이 때 콩 안의 수분은 기화되기 위해 열을 흡수한다.

나무향(woody)

와인을 나무통에서 너무 오래 숙성하면 나오는 향이다. 비가 오고 습기가 많은 나무집에서 이런 향이 느껴지기도 한다.

커피에서는 가공한지 1-2년이 지나면서 젖은 나무향이 난다. 묵은 콩이 아닌 경우 열량이 충분하지 않으면 나타나기도 한다.

대류열 (convection heat)

공기나 물이 일부 열을 받으면 온도가 높은 곳에서 낮은 곳으로 이동한다. 이동 방향이 순환하면서 전체적으로 열이 전달되는 형식을 말한다.

디벨롭먼트 (development)

사진에서 디벨롭먼트는 보이지 않는 상을 시각적으로 보이도록 만드는 일이다. 커피에서 어떤 의미에서 이 단어를 사용하였는지는 분명하지 않다. 디벨롭먼트 구간은 1차 팝이 시작되면서부터 배출까지를 말한다.

리덕톤 (reductone)

엔디올기[-C(OH)=C(CH)-]에 인접하여 카르보닐기를 갖는 화합물의 총칭. 강한 환원력을 갖는다. 아스코르브산은 대표적 리덕톤이다. [네이버지식백과 영양학사전]

메일라드 반응 (maillard reaction)

1912년 프랑스의 생화학자 L.C.Maillard가 처음 보고하였다. 환원당과 아미노산의 아미노기를 갖는 화합물 간의 반응이다. 식품의 가열 처리, 조리, 저장 중 일어나는 갈변 현상이나 향에 관여한다. 커피뿐만 아니라 간장, 된장, 빵 등에서 갈변되는 현상이다. [네이버지식백과 식품과학기술대사전]

배기 (exhaustion)

연료를 사용하는 내연 기관 등에서 증기, 가스 등 기체를 밖으로 내보내는 것을 말한다.

배출 포인트 (drain emission)

커피를 볶는 과정을 마치고 콩을 배출하는 시점을 말한다.

배치(batch)

컴퓨터에서 처리해야 할 데이터를 일정 기간이나 양으로 정리하여 일괄 처리하는 것을 말한다. 커피에서는 일정량을 나누어 처리하는 것을 말한다. 이 때 일정량을 배치라고 한다. [네이버지식백과용어해설]

복사열 (radiant heat)

물체에서 방출하는 전자기파를 직접 물체가 흡수하여 열로 변했을 때의 에너지를 말한다. 열이 직접 전달되기 때문에 열의 전달력이 순간적으로 일어난다. [네이버 지식백과 두산백과]

복합물질 (poly compound)

두 가지 이상의 물질이 하나로 합쳐진 물질

볶음정도 (roast degree)

커피의 볶음 정도(roasting degree)에는 크게 3가지가 있다. 약볶음, 중볶음, 강볶음이다. 각각의 볶음 단계별로 범위가 정해져 있지 않은 것이 특징이다. 주로 컬러를 기준으로 정하며, 향미로 결정하기도 한다.

상미기간 (best before)

맛있게 먹을 수 있는 기간을 의미하는 말로 유통 기한보다 길 수도 있고 짧을 수도 있다. 커피는 향이 주를 이루고 건조된 것이기 때문에 유통 기한은 길고 상미 기간은 짧을 수 있다.

생두 가공 (method, process)

커피 열매를 수확한 후 가공 처리 방법에는 대표적으로 3가지가 있다. 물이 많은 환경에서는 수세 가공을 주로 하고, 물이 부족한 지역에서는 체리를 말려 가공하는 자연 가공법을 선택한다. 또한 과육을 제거한 후 점액질 상태를 건조하는 방법인 반수세 가공, 펄프드 내추럴, 허니프로세스 등도 있다. 현재는 기타 무산소 발효 등 여러 가지 가공 방법이 있다.

스트렉커 분해 (Strecker degradation)

α-아미노산이 α-디케톤과 반응하여 암모니아와 이산화탄소를 방출하여 탄소수가 하나 적은 알데히드로 분해하는 반응. α-디케톤의 예로서 닌히드린, 이사틴, 알로크산틴, α-퀴논, 메틸글리옥살, 인디고 등이 있다. 닌히드린의 경우 적자색 색소 및 이산화탄소를 정량적으로 발생시키기 때문에 아미노산의 비색 및 가스 정량 분석에 사용된다. [네이버 지식백과 생명과학대사전]

아마도리재배치 (amadori rearrangement)

우리 말로 아마도리 전위라고도 한다. 메일라드 반응 초기 단계에서 알도오스의 질소 배당체에 양자화 시프염기가 케토오스 유도체로 변환되는 것이다. 변화되어 생성된 물질을 아마도리 전이 화합물이라고도 한다. [네이버 지식백과 식품과학기술대사전]

아미노산 (amino acid)

단백질을 구성하는 중요 성분이다. 염기성인 아미노기(-NH2)와 산성인 카르복시기(-COOH)를 모두 가지고 있는 화합물이다.

아스트린젠트 (astringent)

수렴성을 말하는데, 익지 않은 감을 먹었을 때의 느낌이다. 커피에서는 와인과 달리 좋지 않은 감각이다. 주로 클로로겐산의 분해가 완벽하게 이뤄지지 않을 경우 나타나며, 쓴맛을 동반하기도 한다.

알데하이드 (aldehyde)

알데하이드기(-CHO)를 가진 화합물을 말한다. 환원성을 가지며 산화하여 카르복시산이 되기 쉽다. 방향족 알데하이드는 벤젠고리에 알데하이드기(-CHO)가 붙어있는 화합물을 말한다.

알데하이드-아민 (aldehyde-amine)

알데하이드와 아민의 화합물 형태를 말한다. 커피에서는 커피 볶는 후반부에 어두운 갈색으로 변하는 과정이다.

알도오스 (aldose)

알데하이드기(-CHO)를 제1탄소에 가지고 있는 단당류를 말한다. 이 작용기를 가지면 '-오스'로 불린다. 제2탄소 이하에 카르보닐기(-CO)를 가지면 케토오스라고 한다.

알돌 응결(aldol condensation)

알돌 축합이라고도 한다. 2분자의 알데하이드 또는 케톤을 염기의 촉매 작용에 의하여 중합시켜 β-하이드록시알데하이드 또는 케톤을 생성시키는 반응을 말하는데, 그 메커니즘은 카보 음이온이 카보닐에 첨가되는 것이다. [네이버 지식백과 두산백과]. 이 과정은 스트레커 분해 과정 다음 단계에 일어난다. 갈변 현상 단계에서 진한 색을 띄는 단계이다.

열분해 (pyrolysis)

두 가지 이상의 화합물이 열이 가해져 분해되면서 단순한 물질로 변하는 것이다. 커피에서는 트리고넬린이 열에 의해 피리딘을 형성하는 것과 클로로겐산이 분해되어 페놀이 된다. 열분해 반응은 흡열 반응에 해당된다.
[참고: https://tv.naver.com/v/5638094]

열역학 법칙 (laws of thermodynamics)

열역학은 논리적 증명이 불가능한 4개의 열역학 법칙을 기반으로 구성된 이론 체계이다.

1) 열역학 법칙으로부터 열적 평형(thermal equilibrium)과 에너지, 엔트로피, 자유 에너지 등 기본적인 열역학적 변수(thermodynamic variables)들을 정의하고, 열역학의 기본 공식들을 유도할 수 있다.[네이버 지식백과 화학백과]

열역학 제0 법칙은 열평형 법칙이다. 물질 A,B가 있어 서로 열교환이 가능한 방법으로 접촉하고 있다면 A와 B사이에 열 이동이 없는 상태를 열평형이라고 한다.

열역학 제1 법칙은 에너지의 형태가 변할 수 있지만 새로 만들어지거나 없어지지 않는다는 것이다.

열역학 제2 법칙은 열은 고온에서 저온으로 흘러가고 반대로 흐르지 않는다는 것이다. 고립된 계의 비가역 변화는 엔트로피가 증가하는 방향으로 진행한다. [네이버 지식백과]

열역학 제3법칙은 1912년 발터 네른스트가 제시하였다. '절대온도 T=0에서 완전 결정의 엔트로피는 0이다'라고 표현된다.[네이버 지식백과 화학백과]

커피에서 열역학 법칙은 중요한 역할을 한다. 기계에서 콩으로 열전달 과정에서 이 법칙이 적용되기 때문이다.

원웨이 밸브 (one way valve)

커피를 포장할 때 사용하는 벨브로 한쪽 방향으로만 가스나 통과할 수 있도록 만든 벨브이다. 로스팅을 거친 커피에 남아 있는 가스로 인하여 유통 과정에서 포장이 터지지 않도록 하기 위하여 개발되었다.

유니크 (unique)

사전적 의미는「유일한, 독특한, 진기한」이고 패션에서는 매우 이상하거나 독특하면서 훌륭하다는 표현으로 사용한다.

커피에서는 Knutsen 여사가 1974년과 1978년, 유니크 플레

이버를 갖고 있는 커피를 스페셜티커피라고 언급하는 과정에서 나온 말이다.

전도열 (conduction heat)

열의 전달 방식 중 하나이다. 전도는 물체를 통하여 열이 전달되는 현상이다. 물질에 따라 전도되는 비율은 다를 수 있다.

전도율은 은 100을 기준으로 알루미늄은 49, 강철은 12, 물은 0.14, 공기는 0.006이다. [네이버 지시백과]

질소 중합체 (nitrogen polymer)

중합체는 폴리머하고도 하는데 질소 중합체는 질소를 함유한다는 의미이다.

채프 (chaff)

콩의 상태에서는 실버 스킨이라고 한다. 커피를 볶으면 부피가 늘어나면서 실버 스킨이 벗겨진다. 이때 벗겨진 실버스킨은 채프(chaff)라고도 한다.

141

캐러멜화 (caramelization)

가열을 통해, 단당류 일부가 산화 반응 등으로 일어나는 현상이다. 비효소적 갈변 반응으로 색과 독특한 휘발성 화학 물질인 향을 만든다.

커핑 (cupping)

커피의 향과 맛을 감별하는 방법이다. 컵에 가루를 담고 95℃이상의 물을 부은 다음, 커피 가루를 가라앉혀 위의 물만으로 감지하는 방법이다. 이 때 커피 가루의 향 정도도 함께 고려된다.

종이 필터나 기계의 압력을 이용하지 않고 커피 본연의 향미를 점검하기 위한 방법이기도 하다. 주로 생두의 감별과 볶은 커피의 품질 관리에서 이용한다.

퀜칭 (quenching)

주로 금속 재료의 열처리의 일종으로 사용한 담금질이다. 의미는 급랭함으로써 금속이나 합금의 내부에서 일어나는 변화를 막는다는 의미이다.

커피에서는 적어도 대형 로스터(80Kg 급 이상)에서 주로 사용되는 식히는 방법이다. 대형 로스터에서 배출되는 커피는 쉽게 열이 식지 않아 고온에서 일어나는 화학 반응이 진행될 수 있다. 빠르게 냉각을 하여 화학 반응이 일어나지 않도록 배출하는 과정에서 물을 순식간에 분사하는 기술을 이용한다.

물을 분사 후 커피 콩에 남아 있는 열을 물이 빼앗아 기화하는 형식이다. 이 방법으로 식히는 경우 원두에 남아 있는 수분율이 중요하다. 세균의 번식을 증가시키지 않는 범위로 제어하는 게 중요하다.

크랙 (crack)

갈라진 틈새를 의미한다. 커피에서는 소리가 나는 구간 외에 크랙이 일어날 수 있다. 콩의 부피가 갑자기 팽창을 하거나 압력이 너무 높아지면 갈라지는 현상이 나타난다. 강하게 부서지면 소리가 나지만 약하게 갈라지는 경우에는 소리가 나지 않는 경우도 있다.

탈수 (dehydration)

수분이 결핍되는 현상을 말한다.

터닝 포인트 (turning point)

커피 콩을 기계에 넣을 때 콩의 온도와 기계의 온도의 편차가 나는 경우 열역학 법칙의 열평형 상태를 유지하기 위해 기계의 열이 콩으로 전달되어지는 과정에서 만들어진다.

기계의 온도와 콩의 온도가 평형을 이루는 순간 최저의 온도 게이지를 보여준다. 열이 지속적으로 추가되면 최저의 온도 게이지가 다시 높아지기 시작한다. 이 때를 터닝 포인트라고 한다.

팝핑(1차, 2차) (popping)

사전적 의미는 '펑'하고 터지는 소리이다. 커피에서는 크랙과 같은 의미로 사용하기도 하지만 정확히는 다르다. 볶는 과정에서 압력에 의해 터지는 과정에서 두 번 일어나는데, 이 과정에서 1차, 2차라고 말한다. 1차에서는 소리와 함께 주로 수분이 발산되며 소리가 큰 반면, 2차에서는 이산화탄소가 주를 이루고 소리가 1차보다는 작게 나타난다.

패일(pale)

사전적으로 창백한 핼쓱하다는 의미이다. 커피에서는 볶는

과정에서 딱딱한 생콩에서 열을 받아 부드럽게 변하는 시점
을 말한다. '고무화'와 비슷한 의미이다.

푸푸랄 (furfural)

푸푸랄 혹은 푸르푸랄이라고 한다. 푸란 고리(헤테로 고리)
에 알데히드기(-CHO)를 갖는다. 분자식은 $C_5H_4O_2$로 포도
당의 열분해로 형성되며 5탄당의 아마도리 화합물에서도 형
성된다. 볶음 초기 단계에서 농도가 높게 나타나며, 1차 팝
이후 급격하게 감소한다.

프로파일 (profile)

우리말로 '개요'라고도 한다. 간결하게 추려 쓴 내용을 의미
한다. 커피에서 프로파일은 여러 가지 방법으로 커피를 볶는
과정을 하나의 패턴화된 그래프를 만드는 것이다. 프로파일
은 환경에 따라, 혹은 커피의 상태(수분율, 밀도 등)에 따라
달라질 수 있다.

하이드로메틸푸푸랄 HMF(Hydroxymethylfurfural)

메일라드 반응에서 향기 성분으로 생성된다. 식품 중의 단당

류, 올리고당, 다당류 중 hexose가 1,2-enediol체로 이성질화하여 계속해서 탈수, 환원함으로써 생성하는 것으로 추측되고 있다. HMF의 성질을 이용한 식품의 처리, 가공 또는 저장 중에 생기는 품질 저하의 지표 성분의 하나로 furfural과 동시에 취급된다. 카모마일의 꽃과 비슷한 향기를 갖는다. [네이버지식백과 식품과학기술대사전]

화력의 패턴 (pattern of heat supply)

커피를 볶을 때 화력의 높낮이는 중요하지만 정답은 없다. 주변의 환경과 기계에 따라 패턴을 정하면 된다. 패턴의 방식은 일정하게 화력을 유지하는 방법, 화력을 높게 하여 점차 낮게 하는 방법, 낮게 시작하여 높게 진행하는 방법, 화력을 점점 높이다가 점점 낮게하는 방법 등 다양하다. 조건에 맞게 화력의 패턴을 정해 놓으면 편리하다.

확산 (diffusion)

분자가 퍼져 나가는 현상을 말한다. 농도의 차이로 인하여 농도가 높은 쪽에서 낮은 쪽으로 퍼져나가는 현상이다. 커피에서는 수분을 날리는 과정에서 열로 인하여 겉면의 수분이 먼

저 증발하고 내부의 수분이 농도가 낮은 겉면으로 이동하는
현상을 의미한다.

확인봉 (sample scoop)

커피를 볶을 때 기계에 장착된 유리가 아닌 스쿱 형태의 손잡
이가 있는 것을 말한다. 볶여지는 콩을 조금 받아 눈으로 확
인할 수 있도록 만든 봉이다.

환원당 (reducing sugar)

당분자 중에 알데하이드 또는 케톤을 형성하고 있으며 환원
력이 있는 당을 말하다. 포도당, 과당, 엿당 등이 포함된다.
아미노산과 화학 반응을 하여 갈변 물질을 만든다.

흡열 (endorthermic)

열을 흡수하는 것을 말한다. 커피에서는 수분이 증발하기 위하여
열을 필요로 하며, 기화할 때 특히 열을 많이 흡수한다. 1차 팝 이
후에도 흡열 반응이 발열 반응과 교차적으로 나타나기도 한다.

참고 문헌

Ivon Flament "Coffee Flavor Chemistry" John Wiley et Sons, LTD.

Harry Nursten, "The Maillard Reaction: Chemistry, Biochemistry and Implications" RS.C advancing the chemical sciences

Illy 외, "Espresso Coffee" Elsevier

R. J. Clarke, R. Macrae "COFFEE: Volumn 1: Chemistry" ELSEVIER APPLIED SCIENCE PUBLISHERS

Michael Sivetz, Ch. E. 외 "Coffee Technology" AVI PUBLISHING COMPANY, INC.

Jean Nicolas Wintgens, "Coffee: Growing, Processing, Sustainable Production", Wiley-VCH

Schenker, Stefan(2000) "Investigations on the Hot Air Roasting of Coffee Beans" Swiss Federal Institute of Technology ZURICH

SCAA,"the Coffee Cupper's handbook" SCAA

SCAA,"the Coffee Brewing handbook", SCAA

中林敏郎외 "コーヒー焙煎の化学と技術" 弘学出版

小野善造 "究極の自家焙煎術" マイコミ

해롤드 맥기 "음식과 요리" 백년후

최낙언 "과학으로 풀어낸 커피향의 비밀" 서울꼬뮨

이주백 외 "커피향의 화학" 대구보건대학

해일리 버치 "일상적이지만 절대적인 화학지식 50" 반니

얀센 "커피로스팅" 주빈

Arthur le caisne "요리는 화학이다" 도림북스

맥머리 "맥머리의 유기화학" 사이플러스

조신호외, "식품학" 교문사

필립몰 "불리학으로 보는 사회" 까지

필립볼 "실험에 미친 화학자들의 무한도전" 살림플렌즈

필립볼 " 화학의 시대" 사이언스북스

사마키 다케오 "재밌어서 밤새 읽는 화학이야기" 더숲

루카 튜린 " 향의 비밀" 센텍(주)

기젤라 뤼크 "달걀이 보여주는 화학과 물리의 세계" 푸른길

라파엘 오몽 "부엌의 화학자" 더숲

김혜숙 "커피향을 만든다는 것 – 로스팅의 과학" 서울꼬뮨

김혜숙 "커피 가공 중 열 공급 방법에 따른 휘발성 화합 물질과 지방
        산 변화에 관한 연구" 서울벤처대학원대학교 학위논문

김지환 "분자 사용 설명서" 반니

네이버 지식백과

illustration: GHIM

date		Bean_Name		degree		batch		taste		
weather		region farm		mois-ture		weight (Gb/Rb)				
℃ / %		who				total_time				
opinion										

time	0	1	2	3	4	5	6	7	8	9	10	11	12	13	14	15	16	17	18	19	20	21	22	23	24	25	26
air temp.																											
bean temp.																											
gas																											
dam-per																											

김박의 **커피다이제스트** ②

로스팅

초판 발행 | 2019년 10월 10일

지은이 | 김혜숙
펴낸이 | 문경라

편집기획 | 서울꼬뮨

펴낸곳 | 서울꼬뮨
등록번호 | 22-2700호
등록일자 | 2005. 3. 17

서울시 서초구 동산로 71 마승빌딩 3층(우편번호 06781)
TEL : 02-579-4725 / FAX : 02-579-4729
E-mail : coffeentea@naver.com
Home Page : www.icoffeentea.com

책값은 표지에 있습니다.
ISBN 979-11-85060-18-7   13570

커피 · 차인의 필독서 월간 커피앤티 발행사인 서울꼬뮨에서는
우리나라 커피와 차문화의 올바른 보급과 발전을 위하여 노력하고 있습니다.